Curso

*La diferencia entre aprobar
y sacar plaza*

Conserje Mantenedor/a

AYUNTAMIENTO DE ALBACETE

Accede a tu **Curso MAD360** y disfruta de los siguientes recursos:

- Técnicas de Memoria 360.
- MADTEST: Test nivel PRO.
- Temario en formato digital.
- Vídeos.
- Esquemas.
- Planificación de estudio.
- Foro entre opositores hasta la fecha del examen.*
- Recursos y novedades exclusivas.
- Consulta sobre la oposición y el proceso selectivo.
- Actualizaciones legislativas (Boletines Oficiales) hasta 60 días antes de la fecha del examen.*

Para acceder al Curso MAD360** será necesaria la compra de todos los libros para esta especialidad de la edición 2024.

Valida los códigos que encuentras en la última página de tus libros y disfruta de la experiencia MAD360.

Infórmate en: mad.es/registro-campus

NOTA IMPORTANTE:

* Examen de esta categoría profesional correspondiente a la convocatoria siguiente a la publicación de este libro, o hasta el 30 de junio del 2025, lo que se cumpla antes.

** El acceso al CURSO MAD360 estará disponible desde junio de 2024 (algunos recursos podrían estar disponibles en fecha posterior). Tendrá una duración de 365 días, desde la validación de códigos, o hasta el 31 de diciembre del 2025, lo que se cumpla antes.

MAD se reserva el derecho a ampliar dichas fechas.

Conserje Mantenedor/a del Ayuntamiento de Albacete

Junio 2024

Conserje Mantenedor/a del Ayuntamiento de Albacete

Test del temario

MAGALÍ RIERA ROCA
LICENCIADA EN DERECHO

TERESA Mª TORRES FRONSECA
LICENCIADA EN DERECHO

© 7 Editores Recursos para la Cualificación Profesional y el Empleo, S.L. (7 Editores)
© Las autoras
Primera edición, junio 2024 (130 páginas)
Derechos de edición reservados a favor de 7 Editores
IMPRESO EN ESPAÑA
Diseño Portada: 7 Editores
Edita: 7 Editores
Avda. San Francisco Javier, 9 · Edificio Sevilla 2 · Planta 11 · Módulos 25-27 · 41018 Sevilla
Teléfono: 954 784 411 · WEB: www.mad.es · e-mail: administracion@7editores.com
ISBN: 978-84-142-8249-6
© "Editorial Mad" y "Eduforma" son nombres comerciales registrados de
7 Editores Recursos para la Cualificación Profesional y el Empleo, S.L.

Presentación

Manual para la preparación de las pruebas selectivas que se convoquen para el acceso a plazas de **Conserje Mantenedor/a del Ayuntamiento de Albacete**.

Este volumen contiene una **batería de test** que han sido redactados con profesionalidad y sentido práctico para favorecer un estudio dinámico de la teoría y familiarizar así al opositor con la realidad de la prueba selectiva que habrá de afrontar.

La colección se completa con dos volúmenes con el desarrollo de los contenidos de los temas del Programa de materias convenientemente desarrollados y actualizados hasta la fecha de edición mediante la incorporación de todas las novedades que les afectan.

Finalmente, a través de nuestro Curso *online* MAD360, te ofrecemos una serie de recursos adicionales para completar tu preparación. Consulta las condiciones en la primera página de este manual.

Índice

MATERIA COMÚN

Test n.º 1. La Constitución Española de 1978: Las Comunidades Autónomas, la Jefatura del Estado y el Gobierno de la Nación *(53 preguntas)*....... 13

Test n.º 2. La Administración Pública: Concepto y clases. La Administración Local. El Municipio: Concepto y Órganos de Gobierno. La Hacienda Pública: Concepto y clases *(80 preguntas)*... 25

Test n.º 3. Derechos de los trabajadores según la Ley de Prevención de Riesgos Laborales *(25 preguntas)*.. 43

Test n.º 4. Medidas de igualdad en el empleo para la Administración General del Estado, según la Ley Orgánica 3/2007, de 22 de marzo, para la igualdad efectiva de mujeres y hombres *(17 preguntas)*................................ 51

MATERIA ESPECÍFICA

Test n.º 1. La información y atención a la ciudadanía. Conocimiento de información general sobre El Ayuntamiento de Albacete, localizaciones, servicios.... La Ordenanza de Atención Ciudadana (artículos 12, 13, 15 y 16). Traslado de información sobre los trámites más frecuentes realizados por la ciudadanía en el Ayuntamiento de Albacete, donde dirigirse, como acceder a través de la web, cómo presentar una sugerencia o reclamación por parte de la ciudadanía, la utilización de la sede electrónica y el certificado digital *(101 preguntas)* 59

Test n.º 2. Medidas de emergencia y evacuación. Concepto de emergencia y actuación en caso de emergencia *(20 preguntas)*.................................... 83

Test n.º 3. Notificaciones según Ley de Procedimiento Administrativo Común de las Administraciones Públicas 39/2015, de 1 de octubre. Cómo realizar correctamente las cédulas de notificación por parte del personal funcionario. Título III, Capítulo II de la Ley 39/2015 *(20 preguntas)*............. 89

Test n.º 4. Tratamiento de correspondencia, ubicación de las ditintas Administraciones Públicas, barrios y códigos postales de la ciudad de Albacete: depósito, entrega, recogida y distribución de correspondencia, como se realizan. Certificados, notificaciones, cartas ordinarias, urgentes y paquetería para su posterior envío *(53 preguntas)* 97

Test n.º 5. Apertura y cierre de edificios y/o locales; reparación de pequeñas averías en el Centro de Trabajo. Puesta en marcha y parada de la instalación, descripción de las averías más comunesde pequeña envergadura que se suelen presentar en el centro de trabajo donde el/la Conserje-Mantenedor /a de Edificios Municipales presta sus tareas (roturas de grifería, sustitución de tubos fluorescentes, cerraduras, etc.) y descripción de los pasos a seguir para su correcta subsanación. Actuación del personal conserje mantenedor cuando se trate de averías que por su envergadura o especial complejidad no sean subsanables por el mismo *(27 preguntas)* 111

Test n.º 6. Manejo y mantenimiento básico de máquinas auxiliares de oficina y Protocolo. Fotocopiadoras, escáneres, plastificadoras, multicopistas, encuadernadoras y destructoras. Colocación de banderas *(20 preguntas)* 119

Test n.º 7. Almacenamiento y traslado de materiales y enseres. Traslado de cargas *(15 preguntas)* 125

MATERIA COMÚN

La Constitución Española de 1978: Las Comunidades Autónomas, la Jefatura del Estado y el Gobierno de la Nación

1. ¿En qué se fundamenta la Constitución Española?

a) En un Estado social y democrático de Derecho.
b) En la indisoluble unidad de la Nación española.
c) En la independencia de los poderes del Estado.
d) En la organización territorial del Estado.

2. Según el artículo 3 de la CE, el castellano es la lengua oficial del Estado y todos los españoles:

a) Tienen el deber de usar y el derecho de conocer el castellano.
b) Tienen el derecho y el deber de conocer el castellano.
c) Tienen el deber de conocer y el derecho de usar el castellano.
d) Tienen el derecho de conocer y usar el castellano.

3. La Constitución Española reconoce y garantiza el derecho a la autonomía:

a) De las nacionalidades que la integran.
b) De las regiones que la integran.
c) De las Comunidades Autónomas que la integran.
d) De las nacionalidades y regiones que la integran.

4. El Preámbulo de la Constitución:

a) Tiene en sí carácter de norma jurídica.
b) Es una declaración de intenciones, destinada a interpretar lo que se quiere alcanzar con el contenido normativo de la Constitución.
c) Se trata de un texto sin fuerza jurídica de obligar.
d) Las respuestas b) y c) son correctas.

5. ¿En qué parte de la Carta Magna se establece la exposición de motivos que impulsan la norma constitucional y los objetivos que con ella se pretenden alcanzar?

a) En el Título Preliminar.
b) En el Preámbulo.

c) En el Título I.
d) En el Título II.

6. La Constitución Española fue sancionada por:

a) El Rey.
b) El Presidente del Congreso.
c) Las Cortes Generales.
d) El Presidente del Gobierno.

7. ¿Cuáles de los siguientes españoles de origen pueden ser privados de su nacionalidad?

a) Exclusivamente los miembros de grupos terroristas.
b) Los miembros de grupos terroristas y los que atenten contra el Rey u otro miembro de la Casa Real.
c) Los que atenten contra un miembro de la Familia Real o del Gobierno de la Nación.
d) Ningún español de origen podrá ser privado de su nacionalidad.

8. Según la CE son fundamentos del orden político y la paz social:

a) La dignidad de la persona, los derechos violables que les son inherentes y el respeto a la ley.
b) La dignidad de la persona, el desarrollo limitado de la personalidad y el respeto a la ley.
c) El respeto a la ley, a los reglamentos administrativos y demás disposiciones legales.
d) La dignidad de la persona, los derechos inviolables que le son inherentes, el libre desarrollo de su personalidad, el respeto a la ley y a los derechos de los demás.

9. ¿Cuál de los siguientes es considerado por la CE como uno de los valores superiores del ordenamiento jurídico?

a) La jerarquía normativa.
b) El pluralismo político.
c) La publicidad normativa.
d) La equidad.

10. La forma política del Estado español es:

a) Democracia parlamentaria.
b) Gobierno parlamentario.
c) Monarquía parlamentaria.
d) República democrática.

11. El Estado se organiza territorialmente en municipios, provincias y las CC AA que se constituyan según dispone:

a) El art. 137 de la Constitución Española.
b) El art. 142 de la Constitución Española.

c) El art. 138 de la Constitución Española.
d) El art. 140 de la Constitución Española.

12. Señala la Constitución Española que las diferencias entre los Estatutos de las distintas Comunidades Autónomas no podrán implicar, en ningún caso, privilegios:

a) Políticos y sociales.
b) Económicos y sociales.
c) Culturales y sociales.
d) Políticos y culturales.

13. De conformidad con lo establecido en el artículo 148 de la CE, las CCAA podrán asumir competencias en las siguientes materias:

a) La agricultura y ganadería, de acuerdo con la ordenación general de la economía.
b) Ferias internacionales.
c) Fomento y coordinación general de la investigación científica y técnica.
d) Ninguna es correcta.

14. De acuerdo con los arts. 143 y 144 CE, las Comunidades Autónomas podrán formarse por:

a) Los territorios insulares.
b) Las Provincias limítrofes con características históricas, culturales y económicas comunes.
c) Los territorios cuyo ámbito territorial no supere el de una Provincia y carezcan de entidad regional histórica.
d) Todas son correctas.

15. ¿Qué artículo de la Constitución Española regula las vías ordinarias de acceso a la autonomía que fue adoptada por las Provincias limítrofes con características históricas, culturales y económicas comunes, los territorios insulares y las Provincias con entidad regional histórica?

a) El art. 140.
b) El art. 141.
c) El art. 143.
d) El art. 151.

16. Las Cortes Generales podrán, por motivos de interés nacional, autorizar o acordar, en su caso, un Estatuto de Autonomía para territorios que no estén integrados en la organización provincial, mediante:

a) Ley Orgánica.
b) Ley Ordinaria.
c) Real Decreto.
d) Decreto-Ley.

17. ¿En qué caso excepcional admite el art. 145 de la Constitución Española la federación de Comunidades Autónomas?

a) Cuando así lo decidan los Parlamentos de las Comunidades Autónomas afectadas, mediante acuerdo adoptado por la mayoría absoluta de sus miembros y lo autoricen las Cortes Generales, mediante una Ley Orgánica.

b) Cuando lo aprueben por mayoría absoluta todos los Ayuntamientos de las CCAA afectadas, y así lo autoricen las Cortes Generales, mediante una Ley Orgánica.

c) Cuando así apruebe expresamente las Cortes Generales, mediante Ley Orgánica y cuente con el visto bueno del Consejo de Estado.

d) En ningún caso.

18. El artículo 141 de la CE define la provincia como:

a) Entidad Local con personalidad jurídica propia, determinada por la agrupación de municipios y división territorial para el cumplimiento de sus fines. Cualquier alteración de los límites provinciales habrá de ser aprobada mediante Ley.

b) Entidad Local con personalidad jurídica propia, determinada por la agrupación de municipios y división territorial para el cumplimiento de las actividades del Estado. Cualquier alteración de los límites provinciales habrá de ser aprobada mediante Ley orgánica.

c) Entidad Local con personalidad jurídica propia, determinada por la agrupación de municipios y división territorial para el cumplimiento de las actividades del Estado y de las CCAA. Cualquier alteración de los límites provinciales habrá de ser aprobada mediante Ley orgánica.

d) Ninguna es correcta.

19. ¿Quién controla la actividad de la Administración autónoma y sus normas reglamentarias?

a) El Tribunal Constitucional.

b) El Gobierno.

c) Las Cortes Generales.

d) La Jurisdicción Contencioso–Administrativa.

20. El art. 156 CE establece que las Comunidades Autónomas gozarán de autonomía financiera para el desarrollo y ejecución de sus competencias con arreglo a los principios de:

a) Igualdad entre Comunidades Autónomas y eficacia en la gestión del gasto.

b) Austeridad en el gasto y solidaridad entre las regiones.

c) Coordinación con la Hacienda estatal y de solidaridad entre todos los españoles.

d) Igualdad entre todos los españoles y coordinación.

21. Señala uno de los recursos de las Comunidades Autónomas:

a) Sus propios impuestos, tasas y contribuciones especiales.

b) Rendimientos procedentes de su patrimonio e ingresos de Derecho Privado.

c) Transferencias de un Fondo de Compensación Interterritorial y otras asignaciones con cargo a los Presupuestos Generales del Estado.

d) Todas son correctas.

22. ¿Cuál es el Fondo diseñado por la Constitución Española para corregir los desequilibrios económicos interterritoriales y hacer efectivo el principio de solidaridad?

a) El Fondo de Garantía.
b) El Fondo de Compensación.
c) El Fondo de Solidaridad.
d) El Fondo de Igualdad Interterritorial.

23. ¿A quién corresponde distribuir los recursos del Fondo de Compensación entre las Comunidades Autónomas y provincias, en su caso?

a) Al Gobierno.
b) A las Cortes Generales.
c) Federación Española de Municipios y Provincias.
d) Al Ministerio de Política Territorial y Función Pública.

24. ¿Qué artículo de la Constitución Española señala las competencias que podrán asumir las Comunidades Autónomas?

a) El art. 145.
b) El art. 146.
c) El art. 148.
d) El art. 150.

25. Transcurridos cuántos años, y mediante la reforma de sus Estatutos, las Comunidades Autónomas podrán ampliar sus competencias dentro del marco establecido en el art. 149, que se refiere a las competencias exclusivas del Estado:

a) Dos años.
b) Cinco años.
c) Diez años.
d) Quince años.

26. El Estado podrá dictar leyes que establezcan los principios necesarios para armonizar las disposiciones normativas de las Comunidades Autónomas, aun en el caso de materias atribuidas a la competencia de estas, cuando así lo exija el interés general. ¿A quién corresponde la apreciación de esta necesidad?

a) Al Presidente del Gobierno.
b) Al Consejo de Ministros.
c) A las Cortes Generales, por mayoría absoluta de cada Cámara.
d) A las Cortes Generales, por mayoría simple de cada Cámara.

27. Señala cuál de las siguientes es una de las competencias exclusivas del Estado, a raíz del art. 149 de la Constitución Española:

a) La artesanía.
b) Asistencia social.

c) Sanidad e higiene.
d) Legislación sobre productos farmacéuticos.

28. Los Estatutos de Autonomía deberán contener:

a) La denominación, organización y sede de las instituciones autónomas propias.
b) La denominación de la Comunidad que mejor corresponda a su identidad histórica.
c) La delimitación de su territorio.
d) Todas son correctas.

29. ¿Quién controla lo relativo a la constitucionalidad de las disposiciones normativas con fuerza de Ley de las Comunidades Autónomas?

a) El Gobierno.
b) Las Cortes Generales.
c) El Tribunal Constitucional.
d) El Tribunal Superior de Justicia de la Comunidad Autónoma.

30. ¿Quién controla lo relativo a la actividad económica y presupuestaria de las Comunidades Autónomas?

a) El Tribunal Constitucional.
b) El Tribunal Supremo.
c) El Tribunal Superior de Justicia de la Comunidad Autónoma.
d) El Tribunal de Cuentas.

31. La asunción de funciones constitucionales por la Reina consorte:

a) Está prevista como regla general.
b) Depende de la voluntad del Rey.
c) Está prohibida.
d) Está limitada.

32. La tutoría del Rey puede recaer en:

a) Cualquier persona nombrada por las Cortes Generales, en su caso.
b) Sus hijos.
c) Una, tres o cinco personas.
d) Nada de lo anterior es cierto.

33. Una hija del Príncipe de Asturias ostentará este tratamiento:

a) Cuando su padre acceda a la condición de Rey, si es la primogénita, aunque tenga hermanos varones.
b) Al morir su padre.
c) Al acceder a Rey su padre, si no tiene hermano varón.
d) Cuando delegue en ella el propio Príncipe.

34. La Regencia se ejerce:

a) Por mandato del Rey.
b) En nombre de este.
c) Por mandato constitucional.
d) Las respuestas b) y c) son correctas.

35. La dirección de la defensa del Estado es competencia genuina del/de las:

a) Rey.
b) Fuerzas Armadas.
c) Gobierno de la Nación.
d) Todos ellos.

36. El refrendo de los actos del Rey está íntimamente relacionado con:

a) Su irresponsabilidad política.
b) Su inhabilitación.
c) La Regencia.
d) Sus poderes discrecionales.

37. En caso de que el Rey sea menor de edad:

a) No tomará posesión de su cargo hasta su mayoría de edad.
b) Ejercerá la Regencia el Príncipe heredero.
c) Ejercerá la Regencia su cónyuge.
d) Nada de lo anterior es cierto.

38. Si el Príncipe heredero tuviera descendientes y renunciara a sus derechos al trono:

a) Su cónyuge ejercería la Regencia hasta que su primogénito varón fuere mayor de edad.
b) Su cónyuge ejercería la Regencia hasta que dicho primogénito fuera proclamado Rey.
c) Se nombraría Princesa heredera a su hermana mayor, si la hubiere.
d) Nada de lo anterior es cierto.

39. La presidencia por el Rey de las reuniones del Consejo de Ministros:

a) Se permite solo respecto de las decisorias.
b) Ha de efectuarse a petición del Presidente del Gobierno de la Nación.
c) Está prevista constitucionalmente para dirigir la Administración Civil y Militar.
d) Las respuestas a) y b) son ciertas.

40. El juramento lo prestará el Rey ante el/las:

a) Cortes Generales.
b) Gobierno de la Nación.
c) Miembros de la Familia Real.
d) Pueblo español.

41. Si se agotan todas las líneas llamadas a la sucesión en la Corona de España, se:

a) Nombran Regentes.
b) Proveerá a la sucesión en la Corona por las Cortes Generales.
c) Proclama la República.
d) Establece una Dictadura.

42. La inhabilitación del Rey se reconoce por el/los/las:

a) Gobierno de la Nación.
b) Congreso de los Diputados.
c) Cortes Generales.
d) Tres Poderes constitucionales.

43. El Regente nombrado en defecto de padre, madre, pariente mayor de edad o Príncipe heredero mayor de edad se designa por el/las:

a) Propio Rey.
b) Cortes Generales.
c) Congreso de los Diputados.
d) Consejo de Regencia.

44. El Gobierno responde de su gestión política:

a) Solidariamente ante las Cortes Generales.
b) Solidariamente ante el Senado.
c) Solidariamente ante el Congreso.
d) Ninguna es correcta.

45. La responsabilidad política del Gobierno le es exigida por el Congreso mediante:

a) La moción de censura.
b) La cuestión de confianza.
c) Interpelaciones.
d) Cualquiera de ellas.

46. Entre las facultades del Presidente del Gobierno se encuentra:

a) La disolución de las Cortes Generales.
b) La propuesta de disolución de las Cortes.
c) La disolución del Consejo General del Poder Judicial.
d) Sancionar las leyes.

47. La responsabilidad del Gobierno ante el Congreso es de carácter:

a) Personal.
b) Individual.
c) Solidario.
d) Subsidiario.

48. ¿Los miembros del Gobierno pueden hablar en las Cámaras?

a) Nunca.
b) Siempre que lo deseen.
c) Sólo si son parlamentarios.
d) Sí, a propuesta del Presidente del Congreso.

49. ¿Toda interpelación al Gobierno podrá dar lugar a una moción?

a) Sí.
b) No, nunca.
c) Sólo en asuntos exteriores.
d) Ninguna es correcta.

50. ¿Quién nombra y separa a los miembros del Gobierno?

a) El Presidente del Congreso de los Diputados.
b) El Rey.
c) El Presidente del Gobierno.
d) El rey, previa autorización del Presidente del Congreso.

51. ¿Qué plazo establece la Constitución entre una primera votación y una segunda para elegir candidato a Presidente del Gobierno?

a) 24 horas.
b) 48 horas.
c) 72 horas.
d) No estabelece ningún plazo.

52. En la segunda votación para elegir candidato a Presidente del Gobierno, ¿qué mayoría se necesita?

a) Absoluta.
b) Cualificada.
c) Simple.
d) 3/5.

53. En la primera votación para elegir candidato a Presidente del Gobierno, ¿qué mayoría se necesita?

a) Absoluta.
b) Cualificada.
c) Simple.
d) 2/3.

Solución al test n.º 1

1. b) En la indisoluble unidad de la Nación española.

2. c) Tienen el deber de conocer y el derecho de usar el castellano.

3. d) De las nacionalidades y regiones que la integran.

4. d) Las respuestas b) y c) son correctas.

5. b) En el Preámbulo.

6. a) El Rey.

7. d) Ningún español de origen podrá ser privado de su nacionalidad.

8. d) La dignidad de la persona, los derechos inviolables que le son inherentes, el libre desarrollo de su personalidad, el respeto a la ley y a los derechos de los demás.

9. b) El pluralismo político.

10. c) Monarquía parlamentaria.

11. a) El art. 137 de la Constitución Española.

12. b) Económicos y sociales.

13. a) La agricultura y ganadería, de acuerdo con la ordenación general de la economía.

14. d) Todas son correctas.

15. c) El art. 143.

16. a) Ley Orgánica.

17. d) En ningún caso.

18. b) Entidad Local con personalidad jurídica propia, determinada por la agrupación de municipios y división territorial para el cumplimiento de las actividades del Estado. Cualquier alteración de los límites provinciales habrá de ser aprobada mediante Ley orgánica.

19. d) La Jurisdicción Contencioso–Administrativa.

20. c) Coordinación con la Hacienda estatal y de solidaridad entre todos los españoles.

21. d) Todas son correctas.

22. b) El Fondo de Compensación.

23. b) A las Cortes Generales.

24. c) El art. 148.

25. b) Cinco años.

26. c) A las Cortes Generales, por mayoría absoluta de cada Cámara.

27. d) Legislación sobre productos farmacéuticos.

28. d) Todas son correctas.

29. c) El Tribunal Constitucional.

30. d) El Tribunal de Cuentas.

31. d) Está limitada.

32. a) Cualquier persona nombrada por las Cortes, en su caso.

33. c) Al acceder a Rey su padre, si no tiene hermano varón.

34. d) Las respuestas b) y c) son correctas.

35. c) Gobierno de la Nación.

36. a) Su irresponsabilidad política.

37. d) Nada de lo anterior es cierto.

38. c) Se nombraría Princesa heredera a su hermana mayor, si la hubiere.

39. b) Ha de efectuarse a petición del Presidente del Gobierno de la Nación.

40. a) Cortes Generales.

41. b) Proveerá a la sucesión en la Corona por las Cortes Generales.

42. c) Cortes Generales.

43. b) Cortes Generales.

44. c) Solidariamente ante el Congreso.

45. a) La moción de censura.

46. b) La propuesta de disolución de las Cortes.

47. c) Solidario.

48. b) Siempre que lo deseen.

49. a) Sí.

50. b) El Rey.

51. b) 48 horas.

52. c) Simple.

53. a) Absoluta.

La Administración Pública: Concepto y clases. La Administración Local. El Municipio: Concepto y Órganos de Gobierno. La Hacienda Pública: Concepto y clases

1. ¿Cómo se denomina a la Entidad Local determinada por la agrupación de Municipios, con personalidad jurídica propia y plena capacidad para el cumplimiento de sus fines?

a) Comarca.
b) Región.
c) Provincia.
d) Mancomunidad de Municipios.

2. La mecanización e informatización de los trabajos burocráticos es un exponente del principio de:

a) Legalidad.
b) Eficacia.
c) Descentralización.
d) Jerarquía.

3. La dirección de los órganos inferiores, por parte de los superiores, se suele llevar a efecto a través de:

a) Instrucciones y órdenes de servicio.
b) La resolución de los conflictos entre los mismos.
c) La delegación de competencias entre ellos.
d) Todo lo anterior.

4. Como consecuencia de la delegación de competencias, estas:

a) Se transfieren a órganos superiores.
b) Se ejercen por órganos inferiores, manteniéndose la titularidad de las mismas en el órgano delegante.
c) Dejan de pertenecer a la esfera jurídica del órgano delegante.
d) El órgano al que se delegan puede fiscalizar la actividad del órgano delegante.

5. La revocación de una delegación de competencias:

a) Está prohibida con carácter general.
b) Solo se admite en caso de insuficiencia técnica del órgano al que se han delegado.
c) Puede producirse en cualquier momento.
d) Ha de efectuarse tras sentencia judicial al efecto.

6. Normalmente, la revocación de los actos de los inferiores por el superior jerárquico puede producirse tras la interposición del siguiente recurso o reclamación:

a) De alzada.
b) De revisión.
c) Contencioso-administrativo.
d) Cualquiera de los anteriores.

7. Una característica de los Entes descentralizados es que:

a) Carecen de personalidad jurídica.
b) Están subordinados jerárquicamente al órgano que efectúa la descentralización.
c) Pertenecen al mismo Ente que el que descentraliza.
d) Nada de lo anterior es correcto.

8. Cuando se efectúa el traspaso de la titularidad de una competencia de un órgano superior a otro inferior, se habla de:

a) Delegación.
b) Desconcentración.
c) Descentralización.
d) Coordinación.

9. En el supuesto denominado "delegación de firma", el órgano titular de la competencia:

a) Ha de firmar todas las comunicaciones que se produzcan.
b) Habilita al inferior para que ejerza la potestad sancionadora en su nombre.
c) Pierde la competencia de que se trate.
d) Nada de lo anterior es correcto.

10. La revisión de oficio de los actos de los inferiores:

a) Ha de acordarse por ellos mismos exclusivamente.
b) Puede ser instada procedimentalmente por el superior jerárquico.
c) No requiere procedimiento específico.
d) Se efectúa a través del recurso de alzada.

11. La avocación supone que:

a) Un órgano superior delega en el inferior una competencia.
b) El órgano superior revoca el acto del inferior.
c) Se asume el ejercicio de una competencia de un inferior por parte del superior.
d) Se produce cualquiera de las tres proposiciones anteriores.

12. El artículo 137 de la Constitución Española dispone:

a) El Estado se organiza territorialmente en Municipios, en Provincias y en las Comunidades Autónomas que se constituyan.
b) El Estado se organiza territorialmente en Municipios, en Provincias e Islas.
c) El Estado se organiza territorialmente en Municipios, en Provincias y en Comarcas.
d) El Estado se organiza territorialmente en Municipios, en Provincias y en Concejos.

13. De acuerdo con el artículo 141 de la Constitución Española:

a) El gobierno y la administración autónoma de las provincias estarán encomendados a las Diputaciones u otras Corporaciones de carácter representativo.
b) El gobierno y la administración autónoma de las provincias estarán encomendados al Pleno de la Diputación Provincial.
c) El gobierno y la administración autónoma de las provincias estarán encomendados a la Junta de Gobierno de la Diputación Provincial.
d) El gobierno y la administración autónoma de las Provincias estarán encomendados a las Corporaciones de carácter representativo.

14. Uno de los principios fundamentales en relación con el Régimen Local que recoge la Constitución Española es:

a) La autonomía de las Corporaciones Locales en la gestión de sus intereses.
b) El carácter democrático y representativo de sus órganos de gobierno.
c) La suficiencia de las Haciendas Locales.
d) Todas las respuestas anteriores son correctas.

15. ¿Es posible crear agrupaciones de Municipios diferentes de la Provincia?

a) No.
b) En algunos casos.
c) Solo si lo decide el Presidente del Gobierno.
d) Sí.

16. De conformidad con el artículo 140 de la Constitución Española, los concejales serán elegidos por sufragio:

a) Universal por parte de los ciudadanos del municipio.
b) Universal, igual, libre, e indirecto.

c) Universal, igual, libre, directo y secreto.
d) Universal, igual, libre, directo y secreto, en la forma establecida en la ley.

17. Según el artículo 103.1 de la Constitución Española, la Administración Pública sirve con objetividad los intereses generales y actúa de acuerdo con los principios de:

a) Eficacia, jerarquía, descentralización, desconcentración y suficiencia financiera.
b) Descentralización, desconcentración, altruismo y eficacia.
c) Eficacia, jerarquía, descentralización, desconcentración y coordinación.
d) Eficacia, jerarquía, descentralización, desconcentración y gratuidad.

18. El Texto Refundido de la Ley Reguladora de las Haciendas Locales fue aprobado por:

a) Real Decreto Legislativo 2/2014, de 5 de marzo.
b) Real Decreto Legislativo 2/1994, de 5 de marzo.
c) Real Decreto Legislativo 2/2004, de 5 de marzo.
d) Real Decreto Legislativo 2/2004, de 5 de abril.

19. Las elecciones locales se encuentran reguladas en:

a) El Reglamento de Servicios de las Corporaciones Locales, de 17 de junio de 1955.
b) El Texto Refundido de la Ley Reguladora de las Haciendas Locales.
c) La Ley Orgánica 5/1985, de 19 de junio, del Régimen Electoral General.
d) La Ley Orgánica Electoral de 2 de abril de 1986.

20. ¿En qué año se aprobó el vigente Reglamento de Organización, Funcionamiento y Régimen Jurídico de las Entidades Locales?

a) 1991.
b) 1982.
c) 1998.
d) 1986.

21. Señala cuál de los siguientes hitos no forma parte de la evolución de nuestro régimen local:

a) La Constitución de Cádiz de 1812.
b) Los Estatutos Municipal y Provincial de Calvo Sotelo, de 1924 y 1925.
c) Ley Municipal y Provincial de 1870.
d) El Decreto de Javier de León, de 30 de noviembre de 1833.

22. La personalidad jurídica de los Municipios, según la Constitución Española, es:

a) Propia.
b) Plena.
c) Reconocida por el Ente que los crea.
d) Dependiente de su autonomía.

23. Según nuestra Constitución, los Concejales no son elegidos por sufragio:

a) Universal.
b) Igual.
c) Paritario.
d) Libre.

24. La organización municipal complementaria que establezca una Comunidad Autónoma con carácter general, respecto a los Municipios de la misma:

a) Se aplica preferentemente a la establecida con tal carácter por el Estado.
b) Se aplica preferentemente a la establecida por el Reglamento Orgánico de cada Municipio.
c) Se aplica después de la del Estado y la del Reglamento Orgánico.
d) Las respuestas a) y b) son ciertas.

25. La elección de un Alcalde, tras unas elecciones locales, se efectúa:

a) Directamente en las elecciones locales.
b) En sesión extraordinaria al efecto.
c) En la sesión constitutiva de la Corporación.
d) Por los vecinos exclusivamente.

26. La destitución del Presidente de una Corporación Local se efectúa a través de la:

a) Renuncia.
b) Cuestión de confianza.
c) Moción de censura.
d) Las respuestas b) y c) son ciertas.

27. ¿Se puede presentar más de una moción de censura contra el mismo Presidente de una Entidad Local?

a) Sí, cuando prospere una de ellas.
b) Solo en distintos períodos de sesiones.
c) Depende del Reglamento Orgánico de la Entidad.
d) Nada de lo expuesto es cierto.

28. En una moción de censura contra un Presidente de una Entidad Local, puede ser candidato:

a) Los cabezas de lista.
b) Los portavoces de los Grupos Políticos.
c) Cualquier Concejal cuya aceptación expresa conste en el escrito de proposición de la moción.
d) Ninguno de los anteriores.

29. En el caso de que la cuestión de confianza planteada por un Alcalde no obtuviera el número necesario de votos favorables para la aprobación del acuerdo:

a) Quedan cesados todos sus miembros.
b) El Alcalde cesará automáticamente, quedando en funciones hasta la toma de posesión de quien hubiere de sucederle en el cargo.
c) Se nombra como tal al primer Teniente de Alcalde.
d) Se hace una nueva sesión constitutiva, tras la celebración de elecciones.

30. La denominada competencia residual, en virtud de la cual se le atribuyen aquellas competencias que no estén expresamente asignadas a otro órgano, la tiene en un Ayuntamiento el/la/las:

a) Pleno.
b) Comisiones Informativas.
c) Presidente.
d) Junta de Gobierno Local.

31. El voto de calidad del Presidente de una Corporación Local:

a) Inclina la votación al sector en el que él haya votado, en caso de empate producido en la reunión de un órgano colegiado.
b) Da fe del resultado de la votación.
c) Significa que es muy importante quien emite el voto.
d) Provoca la irrecurribilidad del acuerdo adoptado.

32. La aprobación del proyecto de presupuesto en un Municipio de gran población es competencia del/de la:

a) Presidente.
b) Junta de Gobierno Local.
c) Pleno.
d) Comunidad Autónoma.

33. La delegación de competencias de un Alcalde:

a) Se efectúa por acuerdo de Pleno.
b) Se reviste formalmente en forma de Decreto de dicho Pleno.
c) Se puede dar en todo tipo de materias.
d) Nada de lo anterior es correcto.

34. Los nombramientos de funcionarios en los Ayuntamientos de Municipios de régimen común corresponden al/a la:

a) Pleno.
b) Junta de Gobierno Local.
c) Presidente.
d) Delegado de Personal.

35. La aprobación de las formas de gestión de los servicios públicos en los Ayuntamientos de Municipios de régimen común corresponde genuinamente al/a la:

a) Pleno.
b) Presidente.
c) Junta de Gobierno Local.
d) Comunidad Autónoma respectiva.

36. En un Municipio de 7.000 habitantes, ¿cuántos Concejales habrá de elegirse para su Ayuntamiento?

a) Siete.
b) Diez.
c) Trece.
d) Quince.

37. La representación del Ayuntamiento compete al/a la/a los:

a) Alcalde.
b) Pleno.
c) Junta de Gobierno Local.
d) Tenientes de Alcalde en su ámbito competencial respectivo.

38. La Relación de Puestos de un Ayuntamiento de un Municipio de gran población la aprueba el/la:

a) Junta de Personal.
b) Pleno.
c) Alcalde.
d) Junta de Gobierno Local.

39. Conceder gratificaciones al personal en Ayuntamientos de Municipios de régimen común es competencia del/de la:

a) Pleno.
b) Presidente.
c) Junta de Gobierno Local.
d) Junta de Personal.

40. El ejercicio normal de acciones judiciales compete en un Municipio de gran población al/a la/a los:

a) Presidente.
b) Pleno.
c) Junta de Gobierno Local.
d) Anteriores, en las materias de sus respectivas competencias.

41. Señala cuál de los siguientes puede ser una forma de organización descon-centrada del Municipio, para la administración de núcleos de población separados, sin personalidad jurídica:

a) Parroquia.
b) Pedanía.
c) Aldea.
d) Todos los anteriores pueden serlo.

42. La Junta de Gobierno Local de un Ayuntamiento de Municipio de régimen común tiene, además del Presidente, los siguientes miembros como máximo:

a) Diez.
b) Depende del número de habitantes.
c) Dos tercios del de la Corporación.
d) Un tercio de estos.

43. Los Concejales-Delegados se nombran por el/la:

a) Presidente.
b) Pleno.
c) Grupo Político.
d) Junta de Gobierno Local.

44. Cuando un Teniente de Alcalde sustituye al Alcalde en una sesión, en la deliberación y votación de un asunto en el que el sustituido debe abstenerse:

a) Tiene un doble voto.
b) Preside circunstancialmente la misma.
c) No puede votar.
d) No puede hacerlo.

45. El Pleno, respecto del nombramiento de los Tenientes de Alcalde:

a) Es oído previamente.
b) Toma conocimiento.
c) Lo aprueba.
d) No tiene nada que hacer.

46. El régimen retributivo de los órganos directivos municipales en un Municipio de gran población se establece por el/la:

a) Concejal-Delegado de Personal.
b) Alcalde.
c) Pleno.
d) Junta de Gobierno Local.

47. Los representantes personales en poblados y barriadas se dan solo en:

a) Los Municipios.
b) Las Provincias.
c) Las Islas menores.
d) Todas las respuestas son correctas.

48. La Comisión Especial de Cuentas es un órgano:

a) Necesario.
b) Complementario y, por lo tanto, facultativo.
c) Voluntario.
d) Decisorio.

49. Las Juntas Municipales de Distrito son creadas por el/la/los:

a) Comunidad Autónoma de que se trate.
b) Consejos Sectoriales.
c) Pleno del Ayuntamiento de que dependan.
d) Alcalde, a quien corresponde el nombramiento de sus integrantes.

50. Los grupos políticos de una Entidad Local deben estar representados forzosamente en la/los:

a) Comisión Especial de Cuentas.
b) Órganos desconcentrados.
c) Consejos Sectoriales.
d) Todas las respuestas son correctas.

51. Tiene carácter transitorio en el mandato de una Corporación Local el/la/las:

a) Comisiones Informativas Especiales.
b) Comisión Especial de Cuentas.
c) Pleno.
d) Comisiones Informativas en general.

52. La principal fuente de financiación de las Haciendas Locales son los/las:

a) Créditos obtenidos de las instituciones financieras.
b) Ingresos de Derecho Privado.
c) Tributos propios.
d) Prestaciones personales de los vecinos.

53. Nuestra vigente Constitución, respecto de las Haciendas Locales, consagra el principio de:

a) Autodeterminación.
b) Suficiencia.

c) Autonomía.
d) Dependencia del Estado.

54. Para alcanzar dicho principio, en relación con los tributos del Estado y de las Comunidades Autónomas, las Haciendas Locales:

a) Se encargarán de gestionarlos y recaudarlos.
b) Percibirán las cantidades abonadas por los mismos.
c) Participarán de los resultados de dichos tributos.
d) Determinarán cuáles se implantan en el respectivo territorio de la Entidad Local de que se trate.

55. En cualquier caso, los recursos con que cuenten las Haciendas Locales:

a) Han de ser suficientes para el cumplimiento de los fines de las Entidades Locales.
b) Deben tener carácter tributario.
c) Solo deben gestionarse por las propias Haciendas Locales.
d) Todo lo anterior es correcto.

56. Y estos recursos han de estar previstos, previa y originariamente, en un/una:

a) Ley ordinaria de las Cortes Generales.
b) Ley de los Parlamentos Autonómicos.
c) Ordenanza Fiscal de la propia Entidad.
d) Reglamento de carácter general.

57. Es una figura tributaria un/una:

a) Precio público.
b) Operación de crédito.
c) Tasa.
d) Subvención.

58. También lo es un/una:

a) Precio público.
b) Subvención.
c) Multa.
d) Contribución especial.

59. La potestad tributaria de las Entidades Locales:

a) No tiene base legal alguna.
b) Es de carácter derivado o secundario.
c) En su territorio, tiene mayor valor que la propia del Estado.
d) La tienen reservada para la creación de sus propios tributos.

60. En cuanto a la posibilidad de dictar las Entidades Locales normas reglamentarias en esta materia:

a) Se manifiesta a través de Reglamentos Generales de Recaudación.
b) Se realiza mediante Bandos de los Alcaldes.
c) No se le reconoce legalmente.
d) Es requisito *sine qua non* para que puedan exigir sus tributos.

61. La figura a través de la cual se realiza dicha normación en esta materia por una Entidad Local es un/una:

a) Ley.
b) Ordenanza Fiscal.
c) Reglamento General.
d) Bando.

62. Respecto de los tributos previamente creados por una ley estatal como propios de las Entidades Locales, estas tienen:

a) Autonomía para establecerlos y exigirlos.
b) Que delegar en el Estado su gestión y recaudación.
c) Actuar al dictado de lo que señalen las Comunidades Autónomas respectivas.
d) Que ceder su aprovechamiento al propio Estado.

63. En relación con la gestión, recaudación e inspección de sus tributos propios, las Entidades Locales pueden:

a) Descentralizarlas en Entidades inferiores.
b) Concederlas a un particular o una empresa privada con personalidad jurídica.
c) Desconcentrarlas en otra Administración Pública.
d) Delegarlas en una Entidad Local de ámbito superior.

64. Asimismo, respecto de estas materias y en relación con el Estado, pueden:

a) Desconcentrarle las competencias.
b) Descentralizarle las mismas.
c) Establecer mecanismos de colaboración.
d) Delegarle estas competencias.

65. En defecto de su legislación específica, debe aplicarse en esta materia la ley:

a) General Presupuestaria.
b) De Presupuestos Generales del Estado de cada año.
c) Del Procedimiento Administrativo Común de las Administraciones Públicas.
d) General Tributaria.

66. Tienen carácter privado los ingresos procedentes del/de los:

a) Tributos en general.
b) Tributos del Estado.
c) Patrimonio.
d) Precios públicos.

67. Para la cobranza de sus tributos, las Entidades Locales:

a) No gozan de privilegios o prerrogativas.
b) Tienen los propios del Estado.
c) Han de utilizar los servicios propios del Estado.
d) Deben constituir Entidades de Crédito.

68. Los ingresos que procedan de los bienes de dominio público local tienen la consideración de:

a) Derecho Público.
b) Derecho Privado.
c) Tributos en cualquier caso.
d) Atípicos.

69. En cambio, los rendimientos derivados del patrimonio de las Entidades Locales se consideran ingresos de:

a) Derecho Público.
b) Derecho Privado.
c) Carácter tributario.
d) Carácter excepcional.

70. Una condición para considerar de carácter privado los ingresos derivados de un derecho real en favor de una Entidad es que:

a) Sean tributarios.
b) Dicho derecho real no se halle afecto a un uso o servicio público.
c) No posea este tipo de derecho la susceptibilidad de valoración económica.
d) Todo lo anterior es correcto.

71. La adquisición de un bien donado por un particular se considera, a estos efectos:

a) Ingreso de dominio público local.
b) Ingreso de Derecho Público.
c) Ingreso de Derecho Privado.
d) Contribución especial.

72. Lo que abona un particular por la prestación de un servicio público que le afecta o beneficia, siendo de recepción obligatoria, es un/una:

a) Impuesto.
b) Contribución especial.

c) Tasa.
d) Precio público.

73. Si dicho servicio público no fuera de recepción obligatoria, el particular abonaría un/una:

a) Impuesto.
b) Contribución especial.
c) Tasa.
d) Precio público.

74. En los Municipios de gran población, el titular del órgano de gestión presupuestaria puede ser:

a) Un miembro de la Corporación.
b) Un funcionario de Administración Local con Habilitación de carácter Nacional necesariamente.
c) Un funcionario de la propia Corporación.
d) Ninguno de los anteriores.

75. La Intervención General Municipal, en los Municipios de gran población, ejerce las funciones de:

a) Control y fiscalización interna de la gestión económico-financiera y presupuestaria.
b) Contabilidad.
c) Tesorería.
d) Todas las anteriores son ejercidas por la misma.

76. Cuando una Entidad Local realiza una obra pública, en virtud de la cual un ciudadano experimenta en sus bienes un incremento de valor, puede exigirle el pago de un/una:

a) Impuesto.
b) Contribución especial.
c) Tasa.
d) Precio público.

77. En dicho supuesto, la recaudación que se obtenga se destinará a:

a) Sufragar obras de beneficencia.
b) Pagar los gastos de la obra.
c) Incrementar los fondos de la Caja de la Corporación.
d) Cualquiera de las anteriores finalidades.

78. Es de carácter obligatorio su establecimiento y exigencia, para los Ayuntamientos, el Impuesto sobre:

a) El Incremento de Valor de los Terrenos de Naturaleza Urbana.
b) Circulación de Vehículos.

c) Construcciones, Instalaciones y Obras.
d) Vehículos de Tracción Mecánica.

79. Asimismo lo es el Impuesto sobre:

a) La Radicación.
b) Actividades Económicas.
c) Construcciones, Instalaciones y Obras.
d) El Incremento de Valor de los Terrenos de Naturaleza Urbana.

80. En cambio, es potestativo para el Ayuntamiento el establecimiento y exigencia del Impuesto sobre:

a) Actividades Económicas.
b) Vehículos de Tracción Mecánica.
c) Construcciones, Instalaciones y Obras.
d) Bienes Inmuebles.

Solución al test n.º 2

1. c) Provincia.

2. b) Eficacia.

3. a) Instrucciones y órdenes de servicio.

4. b) Se ejercen por órganos inferiores, manteniéndose la titularidad de las mismas en el órgano delegante.

5. c) Puede producirse en cualquier momento.

6. a) De alzada.

7. d) Nada de lo anterior es correcto.

8. b) Desconcentración.

9. d) Nada de lo anterior es correcto.

10. b) Puede ser instada procedimentalmente por el superior jerárquico.

11. c) Se asume el ejercicio de una competencia de un inferior por parte del superior.

12. a) El Estado se organiza territorialmente en Municipios, en Provincias y en las Comunidades Autónomas que se constituyan.

13. a) El gobierno y la administración autónoma de las provincias estarán encomendados a las Diputaciones u otras Corporaciones de carácter representativo.

14. d) Todas las respuestas anteriores son correctas.

15. d) Sí.

16. d) Universal, igual, libre, directo y secreto, en la forma establecida en la ley.

17. c) Eficacia, jerarquía, descentralización, desconcentración y coordinación.

18. c) Real Decreto Legislativo 2/2004, de 5 de marzo.

19. c) La Ley Orgánica 5/1985, de 19 de junio, del Régimen Electoral General.

20. d) 1986.

21. d) El Decreto de Javier de León, de 30 de noviembre de 1833.

22. b) Plena.

23. c) Paritario.

24. b) Se aplica preferentemente a la establecida por el Reglamento Orgánico de cada Municipio.

25. c) En la sesión constitutiva de la Corporación.

26. d) Las respuestas b) y c) son ciertas.

27. d) Nada de lo expuesto es cierto.

28. c) Cualquier Concejal cuya aceptación expresa conste en el escrito de proposición de la moción.

29. b) El Alcalde cesará automáticamente, quedando en funciones hasta la toma de posesión de quien hubiere de sucederle en el cargo.

30. c) Presidente.

31. a) Inclina la votación al sector en el que él haya votado, en caso de empate producido en la reunión de un órgano colegiado.

32. b) Junta de Gobierno Local.

33. d) Nada de lo anterior es correcto.

34. c) Presidente.

35. a) Pleno.

36. c) Trece.

37. a) Alcalde.

38. d) Junta de Gobierno Local.

39. b) Presidente.

40. d) Anteriores, en las materias de sus respectivas competencias.

41. d) Todos los anteriores pueden serlo.

42. d) Un tercio de estos.

43. a) Presidente.

44. b) Preside circunstancialmente la misma.

45. b) Toma conocimiento.

46. c) Pleno.

47. a) Los Municipios.

48. a) Necesario.

49. c) Pleno del Ayuntamiento de que dependan.

50. a) Comisión Especial de Cuentas.

51. a) Comisiones Informativas Especiales.

52. c) Tributos propios.

53. b) Suficiencia.

54. c) Participarán de los resultados de dichos tributos.

55. a) Han de ser suficientes para el cumplimiento de los fines de las Entidades Locales.

56. a) Ley ordinaria de las Cortes Generales.

57. c) Tasa.

58. d) Contribución especial.

59. b) Es de carácter derivado o secundario.

60. d) Es requisito sine qua non para que puedan exigir sus tributos.

61. b) Ordenanza Fiscal.

62. a) Autonomía para establecerlos y exigirlos.

63. d) Delegarlas en una Entidad Local de ámbito superior.

64. c) Establecer mecanismos de colaboración.

65. d) General Tributaria.

66. c) Patrimonio.

67. b) Tienen los propios del Estado.

68. a) Derecho Público.

69. b) Derecho Privado.

70. b) Dicho derecho real no se halle afecto a un uso o servicio público.

71. c) Ingreso de Derecho Privado.

72. c) Tasa.

73. d) Precio público.

74. c) Un funcionario de la propia Corporación.

75. a) Control y fiscalización interna de la gestión económico-financiera y presupuestaria.

76. b) Contribución especial.

77. b) Pagar los gastos de la obra.

78. d) Vehículos de Tracción Mecánica.

79. b) Actividades Económicas.

80. c) Construcciones, Instalaciones y Obras.

Derechos de los trabajadores según la Ley de Prevención de Riesgos Laborales

1. ¿Qué se entiende por "riesgo laboral"?

a) La posibilidad de que un trabajador sufra un determinado daño derivado del trabajo.
b) La posibilidad de que un trabajador sufra una enfermedad en el trabajo.
c) La posibilidad de que un trabajador sufra acoso.
d) El riesgo que supone el ir a trabajar.

2. ¿Quién debe garantizar a los trabajadores la vigilancia periódica de su estado de salud en función de los riesgos inherentes al trabajo?

a) La Inspección de Trabajo.
b) El propio trabajador.
c) El empresario.
d) Las secciones sindicales.

3. El derecho básico reconocido a los trabajadores por la Ley 31/1995, de 8 de noviembre, es:

a) La vigilancia de su estado de salud.
b) Una protección eficaz en materia de seguridad y salud en el trabajo.
c) La formación en materia preventiva.
d) La información, consulta y participación.

4. Indica cuál es la definición de prevención:

a) La probabilidad racional de que un riesgo se materialice de forma inminente.
b) El estudio de los procesos potencialmente peligrosos para el trabajo.
c) Conjunto de actividades o medidas adoptadas o previstas en todas las fases de actividad de la empresa con el fin de evitar o disminuir los riesgos derivados del trabajo.
d) Posibilidad de que un trabajador sufra un determinado daño derivado del trabajo.

5. Señale la respuesta incorrecta:

a) La Ley de Prevención de Riesgos Laborales se aplica a los operativos de Seguridad civil en casos de catástrofe.

b) La Ley de Prevención de Riesgos Laborales se aplica a las sociedades cooperativas.

c) La Ley de Prevención de Riesgos Laborales se aplica a la relación laboral de carácter especial del servicio del hogar familiar.

d) En los establecimientos penitenciarios, se adaptarán a la Ley de Prevención de Riesgos Laborales aquellas actividades cuyas características justifiquen una regulación especial.

6. ¿Cuál es la vigente Ley de Prevención de Riesgos Laborales?

a) Ley 32/1995, de 8 de noviembre.

b) Ley 30/1996, de 8 de noviembre.

c) Ley 31/1995, de 6 de noviembre.

d) Ley 31/1995, de 8 de noviembre.

7. Entre los principios de la acción preventiva recogidos por el artículo 15 de la Ley de Prevención de Riesgos Laborales, no figura:

a) Evitar los riesgos.

b) Evaluar los riesgos que se puedan evitar.

c) Tener en cuenta la evolución de la técnica.

d) Dar las debidas instrucciones a los trabajadores.

8. La evaluación de los riesgos laborales es:

a) Es un proceso técnico en la organización del trabajo.

b) Un proceso dirigido a estimar la magnitud de los riesgos que no hayan podido evitarse.

c) Es un procedimiento estático.

d) Es una práctica para el control y la protección de los trabajadores.

9. Según establece el art. 4 de la Ley 31/1995, de 8 de noviembre, de Prevención de Riesgos Laborales, se define como daños derivados del trabajo:

a) La posibilidad de que un trabajador sufra un determinado daño derivado del trabajo.

b) El que resulte probable racionalmente que se materialice en un futuro inmediato y pueda suponer y pueda suponer un daño grave para la salud de los trabajadores.

c) Las enfermedades, patologías o lesiones sufridas con motivo u ocasión del trabajo.

d) Cualquier máquina, aparato, instrumento o instalación utilizada en el trabajo.

10. Los instrumentos esenciales para la gestión y aplicación del Plan de prevención de riesgos laborales son:

a) La evaluación de riesgos y la planificación de la actividad preventiva.

b) La evaluación inicial de riesgos y la formación.

c) La planificación y la gestión de la actividad preventiva.
d) La identificación y la evaluación de los riesgos.

11. La prevención de riesgos laborales deberá integrarse en el sistema general de gestión de la empresa a través de:

a) La política preventiva.
b) El plan de prevención.
c) El consenso de las partes.
d) El poder de decisión del empresario.

12. El objeto y carácter de la norma de la Ley 31/1995 de Prevención de Riesgos Laborales dice:

a) La presente ley tiene por objeto promover la salud de los trabajadores mediante la aplicación de medidas y el desarrollo de las actividades necesarias para la prevención de riesgos derivados del trabajo.
b) La presente ley tiene por objeto promover la seguridad y la salud de los trabajadores mediante la aplicación de medidas y el desarrollo de las actividades necesarias para la prevención de riesgos derivados del trabajo.
c) La presente ley tiene por objeto promover la seguridad de los trabajadores mediante la aplicación de medidas y el desarrollo de las actividades necesarias para la prevención de riesgos derivados del trabajo.
d) La presente ley tiene por objeto promover la seguridad, la salud de los trabajadores y la negociación entre empresa y delegados de prevención, mediante la aplicación de medidas y el desarrollo de las actividades necesarias para la prevención de riesgos derivados del trabajo.

13. La acción preventiva en la empresa:

a) Se planificará por el Comité de Seguridad y Salud a partir de una evaluación inicial de riesgos.
b) Se planificará por los Delegados de Prevención a partir de una evaluación inicial de riesgos.
c) Se planificará por el empresario a partir de una evaluación inicial de riesgos.
d) Se planificará por los Delegados de Personal a partir de una evaluación inicial de riesgos.

14. ¿Cuándo se deben utilizar los equipos de protección individual?

a) Siempre.
b) Cuando los riesgos no hayan sido evaluados.
c) Cuando los riesgos no se puedan evitar o no puedan limitarse.
d) Cuando el trabajador lo estime oportuno.

15. ¿Debe el trabajador prestar su consentimiento para que le realicen vigilancia de la salud?

a) No.
b) Sí.
c) Depende del número de trabajadores de la empresa.
d) Esta prestación es solo para personal fijo en la empresa.

16. Según la Ley de Prevención de Riesgos Laborales, es obligación de los trabajadores en materia de prevención de riesgos:

a) La protección eficaz en materia de seguridad y salud en el trabajo.
b) Utilizar correctamente los medios y equipos de protección facilitados por el empresario, de acuerdo con las instrucciones recibidas de este.
c) Soportar el coste de las medidas relativas a la seguridad y la salud en el trabajo.
d) Desarrollar una acción permanente de seguimiento de la actividad preventiva.

17. Las actividades o medidas que adoptan las empresas en todas sus fases de actividad y tendentes a disminuir o evitar los riesgos derivados del trabajo, se denomina por la Ley 31/1995:

a) Cuidados.
b) Protección.
c) Previsión.
d) Prevención.

18. Según la Ley de Prevención de Riesgos Laborales, la posibilidad de que un trabajador sufra un determinado daño derivado del trabajo constituye:

a) Riesgo laboral.
b) Daño derivado del trabajo.
c) Prevención.
d) Condición de trabajo.

19. Según la Ley de Prevención de Riesgos Laborales, se considerarán como "daños derivados del trabajo":

a) Las lesiones sufridas en accidentes de trabajo.
b) Las enfermedades, patologías o lesiones sufridas con motivo u ocasión del trabajo.
c) Las enfermedades profesionales.
d) Ninguna es correcta.

20. Se considera como "condición de trabajo"

a) Cualquier característica del trabajo que pueda tener una influencia significativa en la generación de riesgos para la seguridad y la salud del trabajador, quedando excluidas las características generales de los locales e instalaciones, existentes en el centro de trabajo.
b) La naturaleza de los agentes físicos, químicos y biológicos presentes en el ambiente de trabajo y sus correspondientes intensidades, concentraciones o niveles de presencia además de las instalaciones, incluidas las características organizativas del trabajo.

c) Todas aquellas características del trabajo, excluidas las relativas a su organización y ordenación, que influyan en la magnitud de los riesgos a que esté expuesto el trabajador.
d) Todas son correctas.

21. Cualquier característica del trabajo que pueda tener una influencia significativa en la generación de riesgos para la seguridad y la salud del trabajador, es:

a) Una condición de trabajo.
b) Un factor de riesgo.
c) Un proceso potencialmente peligroso.
d) Una zona peligrosa.

22. El proceso dirigido a estimar la magnitud de aquellos riesgos que no hayan podido evitarse, obteniendo la información necesaria para que el empresario esté en condiciones de tomar una decisión apropiada sobre la necesidad de adoptar medidas preventivas y, en tal caso, sobre el tipo de medidas que deben adoptarse, se llama:

a) Adaptación del puesto de trabajo.
b) Evaluación de los riesgos laborales.
c) Plan de prevención de riesgos laborales.
d) Señalización de seguridad y salud en el trabajo.

23. En el marco de sus responsabilidades, el empresario realizará la prevención de los riesgos laborales mediante la integración en la empresa de:

a) Los equipos de protección individual.
b) Los Servicios de Prevención propios.
c) La actividad preventiva.
d) La normativa comunitaria.

24. De acuerdo con lo establecido en la normativa reguladora de la prevención de riesgos laborales, ¿cuál de los siguientes NO es un principio de la acción preventiva?

a) Evaluar los riesgos que no se puedan evitar.
b) Adoptar medidas que antepongan la protección individual a la colectiva.
c) Evitar los riesgos como primera medida.
d) Combatir los riesgos en su origen.

25. ¿Qué se define como "posibilidad de que un trabajador sufra un determinado daño derivado del trabajo"?

a) Accidente.
b) Accidente biológico.
c) Enfermedad profesional.
d) Riesgo laboral.

Solución al test n.º 3

1. a) La posibilidad de que un trabajador sufra un determinado daño derivado del trabajo.

2. c) El empresario.

3. b) Una protección eficaz en materia de seguridad y salud en el trabajo.

4. c) Conjunto de actividades o medidas adoptadas o previstas en todas las fases de actividad de la empresa con el fin de evitar o disminuir los riesgos derivados del trabajo.

5. a) La Ley de Prevención de Riesgos Laborales se aplica a los operativos de Seguridad civil en casos de catástrofe.

6. d) Ley 31/1995, de 8 de noviembre

7. b) Evaluar los riesgos que se puedan evitar.

8. b) Un proceso dirigido a estimar la magnitud de los riesgos que no hayan podido evitarse.

9. c) Las enfermedades, patologías o lesiones sufridas con motivo u ocasión del trabajo.

10. a) La evaluación de riesgos y la planificación de la actividad preventiva.

11. b) El plan de prevención.

12. b) La presente ley tiene por objeto promover la seguridad y la salud de los trabajadores mediante la aplicación de medidas y el desarrollo de las actividades necesarias para la prevención de riesgos derivados del trabajo.

13. c) Se planificará por el empresario a partir de una evaluación inicial de riesgos.

14. c) Cuando los riesgos no se puedan evitar o no puedan limitarse.

15. b) Sí.

16. b) Utilizar correctamente los medios y equipos de protección facilitados por el empresario, de acuerdo con las instrucciones recibidas de este.

17. d) Prevención.

18. a) Riesgo laboral.

19. b) Las enfermedades, patologías o lesiones sufridas con motivo u ocasión del trabajo.

20. b) La naturaleza de los agentes físicos, químicos y biológicos presentes en el ambiente de trabajo y sus correspondientes intensidades, concentraciones o niveles de presencia además de las instalaciones, incluidas las características organizativas del trabajo.

21. a) Una condición de trabajo.

22. b) Evaluación de los riesgos laborales.

23. c) La actividad preventiva.

24. b) Adoptar medidas que antepongan la protección individual a la colectiva.

25. d) Riesgo laboral.

TEST N.º 4

Medidas de igualdad en el empleo para la Administración General del Estado, según la Ley Orgánica 3/2007, de 22 de marzo, para la igualdad efectiva de mujeres y hombres

1. La ley que regula a nivel estatal la igualdad efectiva de mujeres y hombres es:

a) La Ley 3/2007, de 12 de marzo.
b) La Ley Orgánica 22/2007, de 3 de abril.
c) La Ley Orgánica 3/2007, de 22 de marzo.
d) El Decreto Legislativo 7/2003, de 23 de mayo.

2. Todo trato desfavorable a las mujeres relacionado con el embarazo o la maternidad constituye:

a) Acoso sexual.
b) Acoso por razón de sexo.
c) Discriminación directa por razón de sexo.
d) Discriminación indirecta por razón de sexo.

3. Cualquier comportamiento realizado en función del sexo de una persona, con el propósito o efecto de atentar contra su dignidad y de crear un entorno intimidatorio, degradante u ofensivo, constituye:

a) Acoso sexual.
b) Acoso por razón de sexo.
c) Discriminación directa por razón de sexo.
d) Discriminación indirecta por razón de sexo.

4. Los actos y las cláusulas de los negocios jurídicos que constituyan o causen discriminación por razón de sexo se considerarán:

a) Válidos, si todas las partes consienten.
b) Anulables y sin efecto durante el primer año; pasado ese tiempo, si no hay denuncia, tendrán efectos legales.

c) Nulos, pero con efecto.
d) Nulos y sin efecto.

5. La capacidad y la legitimación para intervenir en los procesos civiles, sociales y contencioso-administrativos que versen sobre la defensa del derecho de igualdad entre mujeres y hombres, corresponden a:

a) La persona acosada, únicamente.
b) Cualquier ciudadano.
c) Las personas físicas y jurídicas con interés legítimo.
d) Cualquier persona jurídica.

6. Según el artículo 15 de la Ley para la Igualdad efectiva entre Mujeres y Hombres, el principio de igualdad de trato y oportunidades informará la actuación de todos los poderes públicos:

a) Con carácter transversal.
b) De forma equilibrada.
c) Solo cuando se trate de colectivos de especial vulnerabilidad o de violencia de hecho.
d) Con carácter no vinculante.

7. Según la Disposición Adicional Primera de la Ley para la Igualdad efectiva entre Mujeres y Hombres, se entenderá por composición equilibrada la presencia de mujeres y hombres de forma que, en el conjunto al que se refiera, las personas de cada sexo:

a) Tengan la misma representación; es decir, la mitad, o la mitad más uno o menos uno si es un número impar de miembros.
b) No superen el 60 % ni sean menos del 40 %.
c) No superen el 70 % ni sean menos del 30 %.
d) No sean menos del 10 %.

8. Los proyectos de disposiciones de carácter general y los planes de especial relevancia económica, social, cultural y artística que se sometan a la aprobación del Consejo de Ministros deberán incorporar:

a) Un Plan Estratégico de Igualdad de Oportunidades.
b) Una estadística o encuesta que posibilite el conocimiento de las diferencias en los valores, roles, situaciones y condiciones, de mujeres y hombres en el ámbito de acción del proyecto o plan.
c) Un informe periódico sobre el conjunto de sus actuaciones en relación con la efectividad del principio de igualdad entre mujeres y hombres.
d) Un informe sobre su impacto por razón de género.

9. Se definen como "un conjunto ordenado de medidas, adoptadas después de realizar un diagnóstico de situación, tendentes a alcanzar en la empresa la igualdad de trato y de oportunidades entre mujeres y hombres y a eliminar la discriminación por razón de sexo":

a) Los programas de mejora de la empleabilidad de las mujeres.
b) Las medidas de acción positiva para favorecer el acceso de las mujeres al empleo y la aplicación efectiva del principio de igualdad de trato y no discriminación en las condiciones de trabajo.

c) Los protocolos de actuación frente al acoso sexual y al acoso por razón de sexo.
d) Los planes de igualdad de las empresas.

10. ¿A partir de qué número de trabajadores están las empresas obligadas a elaborar y aplicar un plan de igualdad?

a) 50 trabajadores.
b) 100 trabajadores.
c) 150 trabajadores.
d) 250 trabajadores.

11. ¿Cómo se denomina el distintivo creado por el Ministerio de Trabajo y Asuntos Sociales para reconocer a las empresas que destacan por la aplicación de políticas de igualdad de trato y de oportunidades con sus trabajadores y trabajadoras?

a) Distintivo "Igualdad en la Empresa".
b) Distintivo "Empresas en Igualdad".
c) Distintivo "Empresa no discriminatoria".
d) Distintivo "Empresa con empleo igualitario".

12. ¿Por cuánto tiempo se concede el distintivo para las empresas en materia de igualdad?

a) Un año, prorrogable uno más.
b) Tres años, prorrogables.
c) Cuatro años.
d) Indefinido.

13. Mantener el equilibrio en las diferentes dimensiones de la vida con el fin de mejorar el bienestar, la salud y la capacidad de trabajo personal es:

a) Conciliar.
b) Igualar.
c) Discriminatorio.
d) Acoso.

14. La aprobación de convocatorias de pruebas selectivas para el acceso al empleo público en la Administración General del Estado o en los organismos públicos vinculados o dependientes de ella, deberá:

a) Asegurar la adjudicación de plazas ofertadas por el principio de presencia equilibrada de mujeres y hombres.
b) Reservar al menos un 40 % de las plazas para cada sexo.
c) Acompañarse de un informe de impacto de género, salvo en casos de urgencia.
d) Separar las plazas que se hayan de cubrir por hombres de las que se hayan de cubrir por mujeres.

15. A la vista de la evolución e impacto de las políticas de igualdad en el mercado laboral, el Consejo de Ministros determinará los contratos de la Administración General del Estado y de sus organismos públicos que obligatoriamente deberán incluir entre sus condiciones de ejecución de medidas tendentes a promover la igualdad efectiva entre mujeres y hombres en el mercado de trabajo:

a) Mensualmente.
b) Trimestralmente.
c) Semestralmente.
d) Anualmente.

16. Para contribuir al cumplimiento de la legislación en materia de igualdad entre mujeres y hombres, las Administraciones Públicas promoverán la adopción por parte de los medios de comunicación, incluyendo las actividades de venta y publicidad que en aquellos se desarrollen, de:

a) Planes de igualdad.
b) La realización de estudios e investigaciones especializadas en la materia.
c) Campañas institucionales dirigidas a fomentar la igualdad entre mujeres y hombres y a erradicar la violencia de género.
d) Acuerdos de autorregulación.

17. La publicidad que comporte una conducta discriminatoria de acuerdo con la Ley Orgánica 3/2007 se considerará:

a) Publicidad ilícita.
b) Publicidad inapropiada.
c) Publicidad delictiva.
d) Publicidad engañosa.

Solución al test n.º 4

1. c) La Ley Orgánica 3/2007, de 22 de marzo.

2. c) Discriminación directa por razón de sexo.

3. b) Acoso por razón de sexo.

4. d) Nulos y sin efecto.

5. c) Las personas físicas y jurídicas con interés legítimo.

6. a) Con carácter transversal.

7. b) No superen el 60 % ni sean menos del 40 %.

8. d) Un informe sobre su impacto por razón de género.

9. d) Los planes de igualdad de las empresas.

10. d) 250 trabajadores.

11. a) Distintivo "Igualdad en la Empresa".

12. b) Tres años, prorrogables.

13. a) Conciliar.

14. c) Acompañarse de un informe de impacto de género, salvo en casos de urgencia.

15. d) Anualmente.

16. d) Acuerdos de autorregulación.

17. a) Publicidad ilícita.

MATERIA ESPECÍFICA

TEST N.º 1

La información y atención a la ciudadanía. Conocimiento de información general sobre El Ayuntamiento de Albacete, localizaciones, servicios…. La Ordenanza de Atención Ciudadana (artículos 12, 13, 15 y 16). Traslado de información sobre los trámites más frecuentes realizados por la ciudadanía en el Ayuntamiento de Albacete, donde dirigirse, como acceder a través de la web, cómo presentar una sugerencia o reclamación por parte de la ciudadanía, la utilización de la sede electrónica y el certificado digital.

1. Según la definición del Servicio de Atención Ciudadana (SAC) en el Ayuntamiento de Albacete, ¿cuál de las siguientes opciones no es una característica de este servicio?

a) Incorpora técnicas modernas de atención al cliente.
b) Se concentra en un único servicio la atención de las demandas más usuales.
c) Está adscrito al Servicio de Urbanismo del Ayuntamiento.
d) Está dotado de organización y medios necesarios para dar solución a la mayoría de las demandas ciudadanas.

2. ¿Cuál de las siguientes funciones no pertenece al Servicio de Atención Ciudadana según el artículo 2 de la Ordenanza Municipal?

a) Función de Información.
b) Función de formación.
c) Función asistencial y de mediación.
d) Función de Gestión.

3. El principio organizativo del Servicio de Atención Ciudadana se basa en:

a) Centralizar todas las funciones administrativas del Ayuntamiento.
b) Dividir la atención al público entre diferentes servicios especializados.
c) Concentrar en un único servicio la atención de las demandas más usuales y configurar sus puestos de trabajo con carácter polivalente.
d) Externalizar todas las funciones de atención al ciudadano.

4. La relación del Servicio de Atención Ciudadana con las Áreas funcionales del Ayuntamiento implica:

a) Colaboración mediante la organización y prestación de iniciativas y actividades requeridas por las Áreas funcionales.
b) Actuar de forma independiente sin requerir colaboración de otras Áreas.
c) Supervisar y dirigir todas las funciones de las Áreas funcionales.
d) Ser la autoridad última en todas las materias municipales.

5. Para la aprobación de manuales de procedimiento en el SAC, se requiere:

a) Solo la aprobación del Director del Servicio.
b) La fijación de procedimientos de común acuerdo con el Departamento de Calidad y Modernización, y previo informe de los Servicios Jurídicos, con aprobación final por resolución de Alcaldía.
c) La consulta exclusiva con las Áreas funcionales del Ayuntamiento.
d) La votación en el Pleno del Ayuntamiento.

6. ¿Cuál de los siguientes servicios no se presta dentro de la función asistencial y de medicación en el Servicio de Atención Ciudadana (SAC) del Ayuntamiento de Albacete?

a) Expedir fotocopias de documentos que deseen los ciudadanos, siempre que vayan a surtir efectos en expedientes municipales.
b) Facilitar el uso del fax, correo electrónico y teléfono para trámites municipales.
c) Ayudar en el cumplimiento y rellenado de todo tipo de formularios y documentos del Ayuntamiento.
d) Realizar recepción de los avisos y averías de los ciudadanos en materia de servicios urbanos.

7. Según el artículo 7 de la Ordenanza Municipal, los procedimientos a seguir para cada trámite de gestión o información deben ser aprobados:

a) Por el Director del Servicio de Atención Ciudadana.
b) Por el Pleno del Ayuntamiento.
c) Por resolución de Alcaldía, previo informe de los Servicios Jurídicos.
d) Por el Área de Recursos Humanos.

8. ¿Cuál de los siguientes contenidos debe incluir el convenio interno entre un Área funcional y el SAC?

a) Manual de procedimiento.
b) Lista de empleados municipales.
c) Horarios de apertura del Ayuntamiento.
d) Proyectos de inversión del Ayuntamiento.

9. ¿Qué limitación se aplica al derecho de acceso a documentos en el SAC?

a) El acceso es libre a todos los documentos.
b) Estará limitado el acceso a documentos anónimos.
c) Será denegado cuando prevalezcan razones de interés público.
d) No existen limitaciones para acceso a documentos nominativos.

10. ¿Cuál es uno de los compromisos del SAC según su Carta de Servicios?

a) Mantener las infraestructuras del Ayuntamiento.
b) Suministrar información veraz y contrastada.
c) Realizar auditorías de servicios municipales.
d) Gestionar los recursos humanos del Ayuntamiento.

11. ¿Qué función de gestión no corresponde al SAC?

a) Recepción de documentos iniciales de un expediente administrativo.
b) Recepción de sugerencias para mejorar la calidad de los servicios.
c) Realización de inspecciones de obras.
d) Recepción de quejas y reclamaciones ciudadanas.

12. ¿Qué servicio no se incluye en la Carta de Servicios del SAC?

a) Información general sobre el Ayuntamiento y la ciudad.
b) Servicios de mantenimiento de infraestructuras municipales.
c) Expedición de volantes y certificados de empadronamiento.
d) Registro de documentos dirigidos a otras administraciones públicas.

13. Según la Ordenanza que regula el Servicio de Atención Ciudadana (SAC) del Ayuntamiento de Albacete, ¿cómo se establece la relación entre la ciudadanía y el Ayuntamiento a través del servicio telefónico?

a) Se realiza únicamente mediante constancia escrita de los actos administrativos.
b) Se realiza exclusivamente a través de la práctica de notificaciones.
c) Podrá realizarse a través del servicio telefónico, sin perjuicio de la constancia escrita de los actos administrativos y la práctica de notificaciones.
d) No se establece relación alguna a través del servicio telefónico.

14. ¿Cuál es el proceso de identificación que se asegura en la tramitación de las gestiones a través del teléfono, según el artículo 31 de la Ordenanza del SAC?

a) Identificación personal del comunicante.
b) Comprobación del número del Documento Nacional de Identidad.
c) Comprobación de, al menos, un dato más que haya sido comunicado al Ayuntamiento.
d) Todas las anteriores.

15. ¿Dónde se practicará la notificación de las gestiones realizadas a través del teléfono?

a) En el domicilio de la persona interesada.
b) En las oficinas del Ayuntamiento.
c) En la sede del Servicio de Atención Ciudadana.
d) En el domicilio que figure en los registros administrativos del Ayuntamiento.

16. ¿Qué hará el Servicio de Atención Ciudadana una vez reciba la demanda del ciudadano a través del teléfono?

a) Realizará las gestiones oportunas y remitirá la documentación solicitada al domicilio del ciudadano.
b) Registrará la demanda pero no realizará ninguna gestión.
c) Atenderá la demanda solo si el ciudadano se presenta físicamente en las oficinas.
d) Derivará la llamada a otros departamentos sin realizar ninguna gestión.

17. ¿Qué determinará qué relaciones ciudadanía - Ayuntamiento de Albacete pueden resolverse mediante soporte telefónico?

a) La voluntad del Alcalde.
b) El acuerdo del personal del SAC.
c) La Resolución de Alcaldía, previo desarrollo del procedimiento establecido en la correspondiente Ordenanza Municipal.
d) Los convenios internos de relación.

18. ¿Qué establece el artículo 30 de la Ordenanza que regula el SAC del Ayuntamiento de Albacete en relación con la atención telefónica?

a) La relación ciudadanía - Ayuntamiento de Albacete se realizará exclusivamente de forma presencial.
b) La relación ciudadanía - Ayuntamiento de Albacete podrá realizarse a través del servicio telefónico.
c) La relación ciudadanía - Ayuntamiento de Albacete podrá realizarse únicamente por correo postal.
d) La relación ciudadanía - Ayuntamiento de Albacete podrá realizarse únicamente por correo electrónico.

19. ¿Qué proceso se debe seguir para asegurar la identidad de las personas interesadas en la tramitación de gestiones telefónicas según el artículo 31?

a) Solo se requerirá la identificación personal del comunicante.
b) Identificación personal del comunicante, comprobación del número del Documento Nacional de Identidad y comprobación de al menos un dato más comunicado al Ayuntamiento.
c) Solo se requerirá la comprobación del número del Documento Nacional de Identidad.
d) No es necesario ningún proceso de identificación.

20. ¿Qué acción realizará el Servicio de Atención Ciudadana una vez recibida la demanda del ciudadano a través del teléfono?

a) Realizará las oportunas gestiones y tras recabar la documentación necesaria, enviará al domicilio del solicitante el documento acreditativo del trámite solicitado.
b) Ignorará la demanda y no realizará ninguna gestión.
c) Solicitará al ciudadano que acuda presencialmente al Ayuntamiento para gestionar su solicitud.
d) Enviará la documentación acreditativa del trámite solicitado al propio Ayuntamiento.

21. ¿Qué se garantizará en relación con las demandas ciudadanas vía telefónica?

a) Se garantizará que todas las demandas sean resueltas en el mismo día.
b) Se garantizará que todas las demandas sean atendidas por el alcalde.
c) Se garantizará la constancia, mediante su registro, de la demanda ciudadana vía telefónica, a través de las diferentes herramientas informáticas utilizadas.
d) Se garantizará que todas las demandas sean archivadas sin ser procesadas.

22. ¿Qué determinará por resolución de Alcaldía en relación con las relaciones ciudadanía - Ayuntamiento?

a) La posibilidad de llevar a cabo las relaciones únicamente por correo electrónico.
b) La posibilidad de llevar a cabo las relaciones únicamente de forma presencial.
c) La posibilidad de llevar a cabo las relaciones únicamente por carta.
d) la posibilidad de que puedan resolverse mediante soporte telefónico las relaciones ciudadanía - Ayuntamiento.

23. ¿Cuál es la función inicial del personal del SAC al atender telefónicamente a los ciudadanos?

a) La de atención ciudadana facilitando la información o realizando la gestión que requiera.
b) La de colgar inmediatamente la llamada.
c) La de transferir la llamada a otro departamento sin previa atención.
d) La de ignorar la llamada.

24. ¿Dónde se encuentra ubicada la casa consistorial del Ayuntamiento de Albacete?

a) En las afueras de la ciudad.
b) En la plaza de la Catedral, en pleno centro histórico de la capital.
c) Junto al parque de San Juan.
d) Cerca del Museo de la Cuchillería de Albacete.

25. ¿Qué servicios se encuentran en la planta baja de la Casa Consistorial?

a) Servicio de Mantenimiento.
b) Europe Direct Albacete y Auditorio.

c) Salón de Plenos y Sala de Reuniones.
d) Alcaldía y Gabinete de Prensa.

26. ¿Qué áreas corresponden a la tercera planta de la Casa Consistorial?

a) Alcaldía y Gabinete de Alcaldía.
b) Inspección, Tesorería y Recaudación.
c) Negociado de Cementerio, Unidad de Gestión de Compras y Negociado de Actas y Archivo.
d) Servicio de Acción Social y Participación Ciudadana.

27. ¿Qué materias corresponden a la Concejalía de Ciudad Dinámica, Activa, en Marcha y de Futuro?

a) Asuntos sociales, Asociaciones de autoayuda y sociosanitarias.
b) Asuntos sociales y recursos humanos.
c) Urbanismo, Infraestructuras, Obras Públicas, Urvial y Vivienda.
d) Coordinador político, Coordinador de la Junta de Portavoces, Relaciones Institucionales.

28. ¿Qué secciones o servicios corresponden a la sexta planta de la Casa Consistorial?

a) Servicio de Mantenimiento y Inspección.
b) Negociado de Transparencia y Sección Técnica de Electricidad.
c) Servicio de Contratación y Director de la Banda de Música.
d) Negociado de Actas y Archivo y Órgano de Apoyo a la JGL.

29. ¿Qué materias corresponden a la Concejalía de Emprendimiento y Oportu-nidades?

a) Educación, Bibliotecas y Escuelas Infantiles.
b) Empleo, Promoción económica, Formación, Emprendimiento.
c) Asuntos Sociales, Asociaciones de autoayuda y sociosanitarias.
d) Familia, Mujer, Igualdad, Infancia, Mayores y Juventud.

30. ¿Qué materias corresponden a la Concejalía de Personas e Igualdad?

a) Urbanismo, Infraestructuras y Obras Públicas.
b) Empleo, Promoción económica y Formación.
c) Familia, Mujer, Igualdad, Infancia, Mayores y Juventud.
d) Abastos, Consumo, Aguas de Albacete y Talleres.

31. ¿Qué función tienen las Comisiones Informativas del Ayuntamiento?

a) Tienen atribuciones resolutorias.
b) Tienen por función el estudio, informe o consulta y preparación de los asuntos que hayan de ser sometidos a la decisión del Pleno.

c) Están encargadas de adoptar acuerdos formales.

d) Se ocupan de la gestión de la Alcaldía.

32. ¿Qué tipo de sesiones del Pleno se convocan cuando la urgencia del asunto no permite convocar la sesión extraordinaria con la antelación mínima de dos días hábiles?

a) Ordinarias.

b) Extraordinarias urgentes.

c) Extraordinarias.

d) Extraordinarias de carácter no urgente.

33. ¿Cuál es la función de la Junta de Gobierno Local del Ayuntamiento de Albacete?

a) Ejercer funciones legislativas.

b) Asistir al Alcalde en el ejercicio de sus atribuciones y las atribuciones que el Alcalde delegue o le atribuyan las Leyes.

c) Representar a la ciudadanía ante el Pleno.

d) Presidir las sesiones del Pleno.

34. ¿Cuál es el objetivo principal del Centro Europeo de Empresas e Innovación (CEEI) de Albacete?

a) Promover la cultura taurina.

b) Apoyar a emprendedores para crear empresas innovadoras.

c) Organizar eventos deportivos.

d) Preservar la herencia histórica de Albacete.

35. ¿Cuál es uno de los beneficios de pertenecer a la Red Europea EBN (*European Business and Innovation Centres -BIC- Network*)?

a) Acceso a cursos de cocina.

b) Mayor difusión de nuevas tecnologías y mayor internacionalización de las empresas.

c) Descuentos en compras online.

d) Participación en competiciones deportivas.

36. ¿Cuál es uno de los servicios que ofrece la Fundación CEEI Albacete?

a) Formación para adquirir conocimientos y habilidades relacionadas con la gestión empresarial.

b) Servicio de reparación de vehículos.

c) Asesoramiento para viajes internacionales.

d) Venta de productos agrícolas.

37. ¿Cuál es uno de los objetivos del Consorcio Escuela de Tauromaquia de Albacete?

a) Promover la cultura gastronómica.

b) Contribuir a la promoción de la fiesta de los toros y velar por la permanencia y pureza de la cultura taurina.

c) Fomentar la música clásica.
d) Desarrollar actividades deportivas.

38. ¿Qué se puede encontrar en el Museo de la Cuchillería de Albacete?

a) Obras de arte moderno.
b) Instrumentos musicales.
c) Herencia histórica y artesanía relacionada con la cuchillería.
d) Maquinaria industrial.

39. ¿Qué gestiona el Consorcio Sierra Procomunal Albacete-Chinchilla?

a) La gestión de residuos.
b) Las 3500 hectáreas de superficie que posee.
c) El transporte público.
d) Los servicios de salud.

40. ¿Cuál es uno de los servicios que ofrece EMISALBA?

a) Servicios de transporte en taxis interurbanos.
b) Explotación del servicio público de la Estación de Autobuses de Albacete.
c) Alquiler de bicicletas.
d) Servicio de reparación de patinetes.

41. ¿Cuál es el objetivo principal del Patronato Municipal de Escuelas Infantiles de Albacete?

a) Potenciar el desarrollo integral de los niños y las niñas en la primera infancia.
b) Organizar eventos deportivos para niños.
c) Fomentar la cultura taurina entre los más jóvenes.
d) Promover la enseñanza de idiomas.

42. ¿Qué ofrece la Universidad Popular Albacete?

a) Cursos de mecánica automotriz.
b) Servicio formativo y cultural dirigido a promover la participación social y la formación continua.
c) Venta de productos agrícolas.
d) Organización de eventos deportivos.

43. ¿Cuál es una de las funciones del Servicio de Atención a la Ciudadanía (SAC) según el artículo 12 de la Ordenanza de Atención Ciudadana del Ayuntamiento de Albacete?

a) Proporcionar servicios médicos.
b) Visita a lugares turísticos.
c) Ayudar a localizar dependencias y personal municipal.
d) Organizar eventos culturales.

44. Según el artículo 13 de la Ordenanza de Atención Ciudadana del Ayuntamiento de Albacete, ¿qué tipo de medios se utilizan para difundir la información municipal?

a) Solo publicaciones impresas.
b) Exclusivamente sistemas telefónicos.
c) Cualquier medio que permita la comunicación a distancia.
d) Únicamente medios de comunicación locales.

45. ¿Qué tipo de información define el artículo 15 de la Ordenanza de Atención Ciudadana del Ayuntamiento de Albacete como "general"?

a) Información sobre eventos deportivos.
b) Información sobre películas en cartelera.
c) Información sobre estructura y funcionamiento administrativo.
d) Información sobre actividades culturales.

46. ¿Cuál de las siguientes afirmaciones sobre la información pública es correcta según el artículo 15 de la Ordenanza de Atención Ciudadana del Ayuntamiento de Albacete?

a) Los ciudadanos pueden acceder a cualquier expediente administrativo, incluso si está en curso.
b) La información pública solo se proporciona previa solicitud por escrito.
c) Los ciudadanos pueden realizar alegaciones en los expedientes de información pública.
d) La información pública está limitada a documentos en formato impreso.

47. ¿Qué establece el artículo 16 sobre la facilitación de información según la Ordenanza de Atención Ciudadana del Ayuntamiento de Albacete?

a) Se requiere una acreditación especial para acceder a la información municipal.
b) La información solo se proporciona a ciudadanos registrados.
c) La información mencionada en el artículo 15 se ofrece obligatoriamente al público sin necesidad de acreditación.
d) La información se proporciona solo a quienes demuestren una necesidad justificada.

48. ¿Cuál es el objetivo de la instancia general del Ayuntamiento de Albacete?

a) Presentación en el Registro del Ayuntamiento de Albacete cuando no exista modelo específico en el trámite correspondiente.
b) Solicitud de acceso a información pública.
c) Presentación de demanda de consumo.
d) Solicitud de carné de usuario de la Red de Bibliotecas Públicas.

49. ¿Quiénes pueden solicitar el acceso a la información pública?

a) Solo las personas jurídicas.
b) Solo las personas físicas.

c) Cualquier persona física o jurídica.
d) Solo los ciudadanos registrados.

50. ¿Qué documentación se requiere para la solicitud de carné de usuario de la Red de Bibliotecas Públicas para menores de 14 años?

a) Solicitud debidamente cumplimentada y fotocopia del documento identificativo de la persona responsable.
b) Solo la fotocopia del documento identificativo del solicitante.
c) Fotografía y fotocopia del documento identificativo del solicitante.
d) Fotografía y declaración de testigos.

51. ¿Cuál es uno de los requisitos para la solicitud de licencia de venta ambulante?

a) Estar en posesión del permiso de residencia, independientemente de la nacionalidad.
b) Estar dado de alta en el régimen de la seguridad social.
c) Estar en situación de baja en el censo de obligados tributarios.
d) No tener relación laboral con los trabajadores que desarrollen la actividad por cuenta del titular.

52. ¿Cuál es uno de los límites del derecho de acceso a la información pública?

a) La seguridad nacional.
b) La desigualdad de las partes en los procesos judiciales.
c) La posesión de un certificado de residencia.
d) La ausencia de motivación en la solicitud.

53. ¿Qué se requiere para la solicitud de cesión de uso del Auditorio Municipal?

a) Solicitud con indicación de los elementos necesarios para el desarrollo de las actividades.
b) Fotocopia compulsada del DNI del solicitante.
c) Informe médico.
d) Certificado de antecedentes penales.

54. ¿Cuál es uno de los requisitos para solicitar subvenciones para Asociaciones Juveniles?

a) Contar con al menos cinco años de antigüedad.
b) Presentar un proyecto dirigido a un mínimo de 10 jóvenes.
c) Tener entre 18 y 35 años.
d) Formar un grupo de al menos 3 jóvenes entre 12 y 30 años, asociados o no.

55. ¿Qué documento es necesario para la solicitud de uso de instalaciones de colegios públicos?

a) Fotocopia del DNI.
b) Informe de vida laboral.

c) Certificado de empadronamiento.
d) Solicitud mediante instancia normalizada con información detallada.

56. ¿Cuál es uno de los requisitos para inscribirse en Garantía Juvenil?

a) Tener entre 18 y 35 años.
b) No haber trabajado en el día natural anterior a la fecha de presentación de la solicitud.
c) Haber recibido acciones educativas en el día natural anterior a la fecha de presentación de la solicitud.
d) Contar con la nacionalidad española necesariamente.

57. ¿Qué se necesita para inscribirse en la Agencia Municipal de Colocación?

a) Ser residente en Albacete.
b) Estar en situación legal de trabajar.
c) Tener más de 16 años.
d) Tener al menos cinco años de experiencia laboral.

58. ¿Cuál es uno de los requisitos para obtener la licencia municipal para la Tenencia de Animales Potencialmente Peligrosos?

a) Ser mayor de edad y no estar incapacitado para proporcionar los cuidados necesarios del animal.
b) Ser propietario de una segunda vivienda.
c) No estar empadronado en el municipio.
d) Contar con antecedentes penales.

59. ¿Cuál es el plazo límite para solicitar la bonificación del IBI por familia numerosa?

a) Antes del 31 de diciembre de cada año.
b) Antes del 1 de enero de cada año.
c) Antes del 30 de noviembre de cada año.
d) Antes del 15 de marzo de cada año.

60. ¿Cuál es uno de los documentos necesarios para solicitar la bonificación del IBI por familia numerosa?

a) DNI de los contrayentes.
b) Título / carné de familia numerosa vigente.
c) Certificado de antecedentes penales.
d) Título de propiedad de la vivienda.

61. ¿Cuál es el importe de la tasa por la celebración de matrimonio civil en el Ayuntamiento de Albacete?

a) 100 €
b) 150 €

c) 200 €
d) 250 €

62. ¿Qué se necesita para poder acceder a la sede electrónica del Ayuntamiento de Albacete?

a) Un pasaporte válido.
b) Contar con un certificado digital.
c) Tener una licencia de conducir.
d) Ser mayor de 65 años.

63. ¿Cuál es la definición de "Sugerencia" según el Reglamento Orgánico de la Comisión Especial de Sugerencias y Reclamaciones del Ayuntamiento de Albacete?

a) Una petición de reforma en el modelo de gestión de los servicios municipales.
b) Una manifestación o declaración de un ciudadano para mejorar los servicios municipales.
c) Un recurso administrativo.
d) Una solicitud de información.

64. ¿Qué plazo máximo se establece para resolver sobre las sugerencias o reclamaciones presentadas al Ayuntamiento de Albacete?

a) 5 días.
b) 10 días.
c) 15 días.
d) 20 días.

65. ¿Qué sucede si un ciudadano desea desistir de su sugerencia o reclamación?

a) La continuación del procedimiento resultará obligada en los casos de conductas constitutivas de infracción penal o administrativa.
b) El ciudadano recibe un premio.
c) Se envía una carta de agradecimiento.
d) La sugerencia o reclamación se archiva sin más.

66. ¿Cuál es una ventaja del sistema Cl@ve PIN para acceder a la Sede Electrónica del Ayuntamiento de Albacete?

a) Es necesario recordar una contraseña de forma permanente.
b) Su validez es limitada en el tiempo, lo que lo hace más seguro.
c) No es necesario registrarse previamente en el sistema.
d) No es necesario instalar ninguna aplicación adicional.

67. ¿Qué sistemas de certificados digitales son admitidos para identificarse con Cl@ve Móvil?

a) Solo certificados emitidos por la FNMT.
b) Certificados de tipo empresarial.

c) Certificados de tipo persona jurídica.

d) Certificados de tipo persona física, empleado público o representante emitidos por prestadores de servicios electrónicos de confianza cualificados.

68. ¿Cuál de las siguientes afirmaciones sobre la identificación con una cuenta de correo electrónico en la Sede Electrónica del Ayuntamiento de Albacete es correcta?

a) Permite acceder a todas las funcionalidades de la Sede Electrónica.

b) Permite actuar en representación de otra persona usando el Registro Electrónico de Apoderamientos.

c) No permite acceder a las notificaciones electrónicas ni en papel que le hayan sido enviadas.

d) Requiere registro previo en el sistema Cl@ve.

69. ¿Qué modalidad de identificación se recomienda si Cl@ve no está disponible o falla?

a) Identificarse con Cl@ve Móvil.

b) Identificarse con Cl@ve Permanente.

c) Identificarse firmando electrónicamente.

d) Identificarse con Cl@ve PIN.

70. ¿Qué se encuentra en la página de "catálogo de trámites" de la Sede Electrónica del Ayuntamiento de Albacete?

a) Información general sobre los trámites del Ayuntamiento.

b) Acceso directo a realizar cualquier trámite.

c) La posibilidad de realizar búsqueda de trámites por ámbito y área seleccionada.

d) Un buscador libre en la parte derecha superior de la página.

71. Señalar la respuesta incorrecta. La escucha física es una técnica que:

a) Permite tranquilizar y relajar el ánimo del cliente.

b) Utiliza el lenguaje verbal.

c) Refleja la actitud de estar al servicio del cliente.

d) Transmite interés por el problema.

72. El *feedback* significa:

a) Alimentación verbal.

b) Impacto emocional.

c) Retroalimentación.

d) Escucha óptima.

73. En cuanto al ciudadano cliente, es falso que:

a) Hay que atender con rapidez y reflexión sus reclamaciones.

b) Toda la empresa pública es responsable de las relaciones con los ciudadanos clientes.

c) Debe sentir interés por parte del informador público para con sus problemas.
d) No espera un trato exquisito, solo quiere que se le resuelva el asunto de su consulta.

74. En el trato a un cliente inquisitivo, es adecuado:

a) Mostrarle conocimientos técnicos.
b) No dar detalles.
c) Mostrar impaciencia.
d) Contradecirse.

75. En el trato a un cliente presuntuoso, no es correcto:

a) Mostrar humildad.
b) Competir con él.
c) Mostrar mucha amabilidad.
d) Adularle alguna vez.

76. En el trato a un cliente escéptico, no es correcto:

a) Mostrar paciencia y perseverancia.
b) Ser sincero.
c) Mantenerse firme y a distancia.
d) Dar garantías.

77. No es correcto, en relación con el comportamiento agresivo de un ciudadano cliente la siguiente afirmación:

a) El agresivo se enfadará con el representante de la Administración, aun sabiendo que no es el culpable de sus problemas.
b) El funcionario no debe perder las buenas maneras y no dar respuestas que puedan ser interpretadas como una provocación.
c) Se intentará frenar la parte irracional de su comportamiento y negociar, haciéndole sentir que su problema nos preocupa.
d) No es conveniente aplicar en esta situación la escucha activa.

78. La atención personalizada al ciudadano no comprende la función de:

a) Recepción y acogida a los ciudadanos.
b) Orientación e información.
c) Gestión.
d) Enjuiciamiento.

79. Para establecer un tono positivo con los clientes que no tienen razón en sus argumentos, hemos de:

a) Decirles que no llevan la razón.
b) Decirles que están equivocados.

c) Hacerles sentir culpables.

d) Esforzarnos en ser positivos en nuestras respuestas.

80. Parafrasear es una forma de asegurar nuestra comprensión del mensaje diciéndole al cliente lo que pensamos o lo que hemos comprendido:

a) Añadiendo la información no incluida por el cliente.

b) Asegurándonos de que nuestro tono incluye juicio.

c) Asegurándonos de que nuestro tono incluye evaluación.

d) Dando a entender al cliente que queremos saber si entendemos adecuadamente su mensaje.

81. Cuando los clientes se acercan a la Administración, a menudo nos encontramos con la tarea de tener que explicar un asunto o un servicio. No es cierto que en la explicación:

a) Nos aseguraremos de dar la información correcta.

b) Evitaremos los tecnicismos, utilizando un lenguaje simple y coloquial y educado.

c) Utilizaremos explicaciones de carrerilla, para no ser desigual con otros clientes.

d) No asumiremos que el cliente sabe de temas de la Administración, facilitándole los detalles imprescindibles.

82. ¿Cuál de las siguientes opciones es correcta en cuanto a convencer al cliente?

a) Convencer es coaccionar al cliente para que este realice algo que no desea.

b) Tenemos que persuadirle.

c) Los ciudadanos quieren creer lo que les decimos.

d) No es tarea del personal de la Administración ganarse la confianza que quieran depositar en él.

83. Para tratar a un cliente enfadado, aplicando la técnica de la escucha física:

a) Miraremos al ciudadano directamente. Esto implica que prestamos toda nuestra atención a la conversación con el cliente.

b) Cruzaremos los brazos o las piernas, para hacer pensar al cliente que estamos dispuestos a escucharle.

c) Le miraremos a los ojos fijamente por largo tiempo.

d) Mantendremos una postura rígida e inamovible.

84. La escucha física es una técnica que nos va a permitir, mediante un lenguaje no verbal, tranquilizar y relajar el ánimo de nuestro cliente. ¿Cuál de las siguientes frases es correcta?

a) Primero la persona, después el problema. Primero los sentimientos, después los hechos.

b) Primero la persona, después los sentimientos. Primero el problema, después los hechos.

c) Primero los sentimientos, después la persona. Primero los hechos, después el problema.

d) Primero el problema, después la persona. Primero los hechos, después los sentimientos.

85. Para disminuir la tensión en una reclamación de un ciudadano agresivo:

a) Hay que sentirse personalmente afectado.
b) Hay que evitar la responsabilidad.
c) Dejar hablar y escuchar.
d) Procurar entrar en discusión.

86. Ante un cliente que solicita información con mucha meticulosidad, numerosas preguntas y una actitud crítica, el trato del informador público debe caracterizarse por:

a) Permanecer impasible.
b) Dar pocos detalles.
c) Aportar conocimientos técnicos.
d) Mantenerse firme.

87. Un cliente acude a una de las oficinas de la Administración demandando información personal que le es necesaria para cumplimentar algunos documentos. Sabemos que los datos están informatizados y puede tener acceso a ellos introduciendo un código en un terminal informático. Por lo tanto, como informador público:

a) Dejaremos que el cliente decida cómo actuar.
b) Nos acercaremos a él con la máxima profesionalidad para intentar ayudarle.
c) Esperaremos y solo si observamos algún error en el proceso, tomaremos la iniciativa.
d) Entablaremos una conversación intrascendente para ganarnos su confianza.

88. Para proporcionar un servicio de calidad que satisfaga a los clientes:

a) Se deben aplicar técnicas de escucha activa, feedback y reformulación.
b) La información debe ser ofrecida por más de un empleado.
c) La prioridad será mantener una buena imagen de la Administración.
d) El empleado público se mantendrá indiferente a las necesidades del ciudadano.

89. Los clientes poseen diferentes personalidades y por ello tienen diferentes características. Así, debemos saber que el cliente que avasalla e insulta pertenece al tipo:

a) Hablador.
b) Excitable.
c) Inquisitivo.
d) Irrazonable.

90. El comportamiento agresivo:

a) Se refleja físicamente por el movimiento continuo de manos y brazos.
b) Se da cuando una persona se enfrenta a otra físicamente.
c) Se da cuando la persona afirma claramente, se expresa con franqueza y de manera constructiva.
d) Se da cuando una persona siente temor a actuar de forma agresiva.

91. La diferencia entre una reclamación y una queja es que la primera:

a) Expresa desacuerdo con el trato personal.
b) Expresa insatisfacción con el contenido dado a la demanda.
c) Se basa en una percepción subjetiva que no afecta a todos los clientes por igual.
d) Informa sobre cómo es percibida la calidad de los servicios por los ciudadanos.

92. ¿Cuál de los siguientes elementos básicos de la comunicación se refiere al lenguaje en el que emitimos el mensaje?

a) El emisor.
b) El receptor.
c) El canal.
d) El código.

93. No ayuda a la comunicación:

a) La escucha activa.
b) El *feedback*.
c) La reformulación (fenómeno eco).
d) Utilizar un lenguaje lo más técnico posible.

94. No ayuda a una escucha activa:

a) Estar preparado sobre el tema de que se trata.
b) Escuchar y resumir las ideas básicas.
c) Repetir en esencia lo que ha dicho el interlocutor.
d) No preguntar.

95. No es cierto que el *feedback* (retroalimentación) en la comunicación:

a) Consiste en facilitar a nuestro interlocutor información sobre cómo hemos percibido o entendido lo que nos está comunicando.
b) Consiste en dejar que el otro hable, escuchar atentamente y callar.
c) Puede referirse no solo a la recepción del mensaje sino a expresar de forma verbal el impacto emocional del mismo.
d) Aclara las relaciones entre personas y ayuda a comprender mejor al otro.

96. Es un fallo en la comunicación:

a) Entender lo que queremos entender.
b) Establecer un clima agradable.
c) Estar dispuestos a oír a la otra persona en sus propios términos.
d) Ser comprensivo con las circunstancias del interlocutor.

97. No es una causa de fallos en la comunicación:

a) Entender lo que queremos entender.
b) Nuestro estado emocional condicionador de lo que queremos decir.
c) Estar a la defensiva.
d) Vocalizar al hablar.

98. No ayuda a mejorar nuestra comunicación cuando hablamos:

a) Organizar nuestro pensamiento.
b) Expresarnos con precisión.
c) Encerrar muchas ideas en un enunciado.
d) Hablar con naturalidad.

99. No ayuda a mejorar nuestra comunicación cuando escuchamos:

a) Que el interlocutor advierta que se pone voluntad e interés en entenderle.
b) Utilizar el *feedback* (retroalimentación).
c) Pensar en nuestras respuestas mientras escuchamos.
d) No evaluar ni prejuzgar.

100. En relación con la comunicación no verbal, es falso que:

a) La quietud y el reposo son posturas de clara atención al interlocutor.
b) La quietud ha de ser rígida para mostrar que no se está deseando que el otro acabe de hablar.
c) Comunicamos constantemente nuestro estado emocional a través de inconscientes gestos.
d) Cuando hablamos, nuestra voz comunica una gran cantidad de información no incluida en los sonidos de las palabras que pronunciamos (el paralenguaje).

101. Es importante ofrecer una cálida acogida al ciudadano que llega a veces perdido. La acogida tiene cuatro partes, ¿cuál de las siguientes es incorrecta?

a) Recepción.
b) Saludo.
c) Ponernos a su disposición.
d) Continuar con lo que estábamos haciendo.

Solución al test n.º 1

1. c) Está adscrito al Servicio de Urbanismo del Ayuntamiento.

2. b) Función de formación.

3. c) Concentrar en un único servicio la atención de las demandas más usuales y configurar sus puestos de trabajo con carácter polivalente.

4. a) Colaboración mediante la organización y prestación de iniciativas y actividades requeridas por las Áreas funcionales

5. b) La fijación de procedimientos de común acuerdo con el Departamento de Calidad y Modernización, y previo informe de los Servicios Jurídicos, con aprobación final por resolución de Alcaldía.

6. d) Realizar recepción de los avisos y averías de los ciudadanos en materia de servicios urbanos.

7. c) Por resolución de Alcaldía, previo informe de los Servicios Jurídicos.

8. a) Manual de procedimiento.

9. c) Será denegado cuando prevalezcan razones de interés público.

10. b) Suministrar información veraz y contrastada.

11. c) Realización de inspecciones de obras.

12. b) Servicios de mantenimiento de infraestructuras municipales.

13. c) Podrá realizarse a través del servicio telefónico, sin perjuicio de la constancia escrita de los actos administrativos y la práctica de notificaciones.

14. d) Todas las anteriores.

15. d) En el domicilio que figure en los registros administrativos del Ayuntamiento.

16. a) Realizará las gestiones oportunas y remitirá la documentación solicitada al domicilio del ciudadano.

17. c) La Resolución de Alcaldía, previo desarrollo del procedimiento establecido en la correspondiente Ordenanza Municipal.

18. b) La relación ciudadanía - Ayuntamiento de Albacete podrá realizarse a través del servicio telefónico.

19. b) Identificación personal del comunicante, comprobación del número del Documento Nacional de Identidad y comprobación de al menos un dato más comunicado al Ayuntamiento.

20. a) Realizará las oportunas gestiones y tras recabar la documentación necesaria, enviará al domicilio del solicitante el documento acreditativo del trámite solicitado.

21. c) Se garantizará la constancia, mediante su registro, de la demanda ciudadana vía telefónica, a través de las diferentes herramientas informáticas utilizadas.

22. d) la posibilidad de que puedan resolverse mediante soporte telefónico las relaciones ciudadanía - Ayuntamiento.

23. a) La de atención ciudadana facilitando la información o realizando la gestión que requiera.

24. b) En la plaza de la Catedral, en pleno centro histórico de la capital.

25. b) Europe Direct Albacete y Auditorio.

26. c) Negociado de Cementerio, Unidad de Gestión de Compras y Negociado de Actas y Archivo.

27. c) Urbanismo, Infraestructuras, Obras Públicas, Urvial y Vivienda.

28. c) Servicio de Contratación y Director de la Banda de Música.

29. b) Empleo, Promoción económica, Formación, Emprendimiento.

30. c) Familia, Mujer, Igualdad, Infancia, Mayores y Juventud.

31. b) Tienen por función el estudio, informe o consulta y preparación de los asuntos que hayan de ser sometidos a la decisión del Pleno.

32. b) Extraordinarias urgentes.

33. b) Asistir al Alcalde en el ejercicio de sus atribuciones y las atribuciones que el Alcalde delegue o le atribuyan las Leyes.

34. b) Apoyar a emprendedores para crear empresas innovadoras.

35. b) Mayor difusión de nuevas tecnologías y mayor internacionalización de las empresas.

36. a) Formación para adquirir conocimientos y habilidades relacionadas con la gestión empresarial.

37. b) Contribuir a la promoción de la fiesta de los toros y velar por la permanencia y pureza de la cultura taurina.

38. c) Herencia histórica y artesanía relacionada con la cuchillería.

39. b) Las 3500 hectáreas de superficie que posee.

40. b) Explotación del servicio público de la Estación de Autobuses de Albacete.

41. a) Potenciar el desarrollo integral de los niños y las niñas en la primera infancia.

42. b) Servicio formativo y cultural dirigido a promover la participación social y la formación continua.

43. c) Ayudar a localizar dependencias y personal municipal.

44. c) Cualquier medio que permita la comunicación a distancia.

45. c) Información sobre estructura y funcionamiento administrativo.

46. c) Los ciudadanos pueden realizar alegaciones en los expedientes de información pública.

47. c) La información mencionada en el artículo 15 se ofrece obligatoriamente al público sin necesidad de acreditación.

48. a) Presentación en el Registro del Ayuntamiento de Albacete cuando no exista modelo específico en el trámite correspondiente.

49. c) Cualquier persona física o jurídica.

50. a) Solicitud debidamente cumplimentada y fotocopia del documento identificativo de la persona responsable.

51. b) Estar dado de alta en el régimen de la seguridad social.

52. a) La seguridad nacional.

53. a) Solicitud con indicación de los elementos necesarios para el desarrollo de las actividades.

54. d) Formar un grupo de al menos 3 jóvenes entre 12 y 30 años, asociados o no.

55. d) Solicitud mediante instancia normalizada con información detallada.

56. b) No haber trabajado en el día natural anterior a la fecha de presentación de la solicitud.

57. b) Estar en situación legal de trabajar.

58. a) Ser mayor de edad y no estar incapacitado para proporcionar los cuidados necesarios del animal.

59. a) Antes del 31 de diciembre de cada año.

60. b) Título / carné de familia numerosa vigente.

61. b) 150 €

62. b) Contar con un certificado digital.

63. b) Una manifestación o declaración de un ciudadano para mejorar los servicios municipales.

64. c) 15 días.

65. a) La continuación del procedimiento resultará obligada en los casos de conductas constitutivas de infracción penal o administrativa.

66. b) Su validez es limitada en el tiempo, lo que lo hace más seguro.

67. d) Certificados de tipo persona física, empleado público o representante emitidos por prestadores de servicios electrónicos de confianza cualificados.

68. c) No permite acceder a las notificaciones electrónicas ni en papel que le hayan sido enviadas.

69. c) Identificarse firmando electrónicamente.

70. c) La posibilidad de realizar búsqueda de trámites por ámbito y área seleccionada.

71. b) Utiliza el lenguaje verbal.

72. c) Retroalimentación.

73. d) No espera un trato exquisito, solo quiere que se le resuelva el asunto de su consulta.

74. a) Mostrarle conocimientos técnicos.

75. b) Competir con él.

76. c) Mantenerse firme y a distancia.

77. d) No es conveniente aplicar en esta situación la escucha activa.

78. d) Enjuiciamiento.

79. d) Esforzarnos en ser positivos en nuestras respuestas.

80. d) Dando a entender al cliente que queremos saber si entendemos adecuadamente su mensaje.

81. c) Utilizaremos explicaciones de carrerilla, para no ser desigual con otros clientes.

82. c) Los ciudadanos quieren creer lo que les decimos.

83. a) Miraremos al ciudadano directamente. Esto implica que prestamos toda nuestra atención a la conversación con el cliente.

84. a) Primero la persona, después el problema. Primero los sentimientos, después los hechos.

85. c) Dejar hablar y escuchar.

86. c) Aportar conocimientos técnicos.

87. b) Nos acercaremos a él con la máxima profesionalidad para intentar ayudarle.

88. a) Se deben aplicar técnicas de escucha activa, feedback y reformulación.

89. b) Excitable.

90. a) Se refleja físicamente por el movimiento continuo de manos y brazos.

91. b) Expresa insatisfacción con el contenido dado a la demanda.

92. d) El código.

93. d) Utilizar un lenguaje lo más técnico posible.

94. d) No preguntar.

95. b) Consiste en dejar que el otro hable, escuchar atentamente y callar.

96. a) Entender lo que queremos entender.

97. d) Vocalizar al hablar.

98. c) Encerrar muchas ideas en un enunciado.

99. c) Pensar en nuestras respuestas mientras escuchamos.

100. b) La quietud ha de ser rígida para mostrar que no se está deseando que el otro acabe de hablar.

101. d) Continuar con lo que estábamos haciendo.

TEST N.º 2

Medidas de emergencia y evacuación. Concepto de emergencia y actuación en caso de emergencia

1. Avisar de la forma más rápida a los equipos de emergencia del propio establecimiento e informar al resto de los equipos y solicitar en su caso ayudas de intervención externa, cuando se produce una emergencia, es:

a) Alarmar.
b) Alertar.
c) Apremiar.
d) Detectar.

2. El aviso o señal por la que se informa a las personas para que sigan instrucciones específicas ante una situación de emergencia, es:

a) Alerta.
b) Detección.
c) Alarma.
d) Auxilio.

3. Ante una situación de emergencia, el trabajador debe:

a) Seguir trabajando mientras pueda.
b) Dirigirse, ya en el exterior, a un punto de reunión.
c) Quedarse en los lavabos o lugares cerrados.
d) Confiar, sobre todo, en su instinto.

4. Aquella situación en la que los parámetros definidores del riesgo, evidencian que la materialización del mismo, puede ser inminente, se denomina:

a) Preemergencia.
b) Conato.
c) Emergencia parcial.
d) Emergencia primaria.

5. Aquella situación que puede ser controlada y solucionada de forma sencilla y rápida por el personal y medios de protección del local, dependencias o sector, se llama:

a) Preemergencia.
b) Conato de emergencia.
c) Emergencia parcial.
d) Emergencia primaria.

6. Aquella situación que para ser dominada, requiere la actuación de equipos especiales del sector, se denomina:

a) Emergencia sectorial.
b) Emergencia básica.
c) Preemergencia.
d) Emergencia parcial.

7. ¿A quién corresponde establecer la situación de emergencia en función del nivel de gravedad?

a) Al Jefe de Intervención.
b) Al Director del Plan de Actuación.
c) Al responsable de los Servicios Públicos de Extinción de Incendios y Salvamento.
d) Al Director del Plan de Autoprotección.

8. En un plan de autoprotección, ¿a qué se denominan "Equipos de Primera Intervención" (EPI)?

a) Son los que en una situación de emergencia organizan en primer lugar la evacuación del edificio a la espera de las instrucciones del Jefe de Emergencia.
b) Son los que en una situación de emergencia acuden al lugar donde se haya producido la emergencia para intentar su control y poner en funcionamiento el sistema de alarma.
c) También llamados Equipos de Protección Individual, incluyen cualquier equipo destinado a ser llevado o sujetado por el trabajador para que le proteja de los riesgos para su seguridad y salud laboral.
d) Son las brigadas contra incendios que actúan cuando la emergencia se considera grave.

9. Asume la dirección y coordinación de los equipos de emergencia en el lugar del accidente:

a) El Jefe de Intervención.
b) El Director del Plan de Actuación.
c) El responsable de los Servicios Públicos de Extinción de Incendios y Salvamento.
d) El Director del Plan de Autoprotección.

10. Su misión es asegurar una evacuación total y ordenar su sector y/o establecimiento y garantizar que se ha dado la alarma. Nos referimos a:

a) El Equipo de Primeros Auxilios (EPA).
b) El Equipo de Segunda Intervención (ESI).

c) El Equipo de Primera Intervención (EPI).

d) El Equipo de Alarma y Evacuación (EAE).

11. Las salidas del establecimiento, planta o inmueble tendrán una señal con el rótulo "SALIDA", excepto en edificios de uso Residencial Vivienda y, en otros usos, cuando se trate de salidas de recintos que sean fácilmente visibles y cuya superficie no exceda de:

a) 50 m².

b) 100 m².

c) 200 m².

d) 400 m².

12. Deben disponerse señales indicativas de dirección de los recorridos, visibles desde todo origen de evacuación desde el que no se perciban directamente las salidas o sus señales indicativas y en particular, frente a toda salida de un recinto, que acceda lateralmente a un pasillo, y que tenga una ocupación mayor de:

a) 50 personas.

b) 100 personas.

c) 140 personas.

d) 200 personas.

13. Las señales de salida de uso habitual o de emergencia, cuando la distancia de observación esté comprendida entre 20 y 30 metros, tendrán un tamaño de:

a) 210 x 210 mm.

b) 420 x 420 mm.

c) 594 x 594 mm.

d) 360 x 360 mm.

14. El lugar físico desde donde el Director del Plan de Actuación en Emergencias dirige la resolución de la misma, es:

a) El Centro de Control.

b) El Lugar de reunión.

c) El Centro directivo.

d) La Zona de Refugio.

15. El emplazamiento de los extintores permitirá que sean fácilmente visibles y accesibles, estarán situados próximos a los puntos donde se estime mayor probabilidad de iniciarse el incendio, a ser posible próximos a las salidas de evacuación y preferentemente sobre soportes fijados a paramentos verticales, de modo que la parte superior del extintor quede, como máximo, a:

a) 1,50 metros sobre el suelo.

b) 1,70 metros sobre el suelo.

c) 1 metro sobre el suelo.
d) Ninguna de las respuestas es correcta.

16. Los pulsadores de alarma se situarán de modo que la distancia máxima a recorrer, desde cualquier punto hasta alcanzar un pulsador, no supere:

a) 15 metros.
b) 25 metros.
c) 40 metros.
d) 60 metros.

17. La señal de alarma generada desde el puesto de control será:

a) En todo caso audible.
b) En todo caso visible.
c) Será audible únicamente cuando la luminosidad del sector sea muy alta.
d) Será visible cuando el nivel de ruido donde deba ser percibida supere los 200 dB.

18. Cuando se prevean riesgos de heladas, las columnas hidrantes serán del tipo:

a) Columna seca.
b) Hidrante de arqueta.
c) Boca hidrante.
d) Columna líquida.

19. Las bocas de incendio equipadas pueden ser de los tipos:

a) 20 mm y 50 mm.
b) 30 mm y 55 mm.
c) 25 mm y 45 mm.
d) 15 mm y 40 mm.

20. Las bocas de incendio equipadas (BIE) se situarán, siempre que sea posible, a una distancia máxima de la salida de cada sector, de:

a) 5 metros.
b) 10 metros.
c) 15 metros.
d) 20 metros.

Solución al test n.º 2

1. b) Alertar.

2. c) Alarma.

3. b) Dirigirse, ya en el exterior, a un punto de reunión.

4. a) Preemergencia.

5. b) Conato de emergencia.

6. d) Emergencia parcial.

7. b) Al Director del Plan de Actuación.

8. b) Son los que en una situación de emergencia acuden al lugar donde se haya producido la emergencia para intentar su control y poner en funcionamiento el sistema de alarma.

9. a) El Jefe de Intervención.

10. d) El Equipo de Alarma y Evacuación (EAE).

11. a) 50 m^2.

12. b) 100 personas.

13. c) 594 x 594 mm.

14. a) El Centro de Control.

15. b) 1,70 metros sobre el suelo.

16. b) 25 metros.

17. a) En todo caso audible.

18. a) Columna seca.

19. c) 25 mm y 45 mm.

20. a) 5 metros.

TEST N.º 3

Notificaciones según Ley de Procedimiento Administrativo Común de las Administraciones Públicas 39/2015, de 1 de octubre. Cómo realizar correctamente las cédulas de notificación por parte del personal funcionario. Título III, Capítulo II de la Ley 39/2015

1. Toda notificación deberá ser cursada dentro del plazo de:

a) 24 horas a partir de la fecha en que el acto haya sido dictado.
b) 2 días a partir de la fecha en que el acto haya sido dictado.
c) Diez días a partir de la fecha en que el acto haya sido dictado.
d) Quince días a partir de la fecha en que el acto haya sido dictado.

2. La notificación:

a) Deberá contener la información mínima sobre la resolución.
b) Deberá contener la información más relevante sobre la resolución.
c) Deberá contener el texto íntegro de la resolución, con indicación de si pone fin o no a la vía administrativa, la expresión de los recursos que procedan, en su caso, en vía administrativa y judicial, el órgano ante el que hubieran de presentarse y el plazo para interponerlos, sin perjuicio de que los interesados puedan ejercitar, en su caso, cualquier otro que estimen procedente.
d) Cada órgano decidirá lo que se dispone en la misma.

3. Las notificaciones que, conteniendo el texto íntegro del acto, omitiesen alguno de los demás requisitos previstos en el apartado anterior:

a) Surtirán efecto en todo caso.
b) Surtirán efecto desde un primer momento.
c) Surtirán efecto a partir de la fecha en que el interesado realice actuaciones que supongan el conocimiento del contenido y alcance de la resolución o acto objeto de la notificación, o interponga cualquier recurso que proceda.
d) Nunca surtirán efecto.

4. En ningún caso se efectuarán por medios electrónicos las siguientes notificaciones:

a) Aquellas en las que el acto a notificar vaya acompañado de elementos que no sean susceptibles de conversión en formato electrónico.
b) Las que contengan medios de pago a favor de los obligados, tales como cheques.
c) Son correctas las respuestas a) y b).
d) Todas las notificaciones se pueden realizar por medios electrónicos.

5. Si la notificación se realiza en papel:

a) La Administración Pública no debe enviar aviso al dispositivo electrónico y/o a la dirección de correo electrónico del interesado.
b) La Administración Pública debe enviar aviso al dispositivo electrónico y/o a la dirección de correo electrónico del interesado.
c) La Administración Pública, en todo caso, solo debe dar aviso al dispositivo electrónico del interesado.
d) La Administración Pública nunca debe dar aviso al dispositivo electrónico del interesado.

6. Si la notificación se realiza por medios electrónicos:

a) La Administración Pública no debe enviar aviso al dispositivo electrónico y/o a la dirección de correo electrónico del interesado.
b) La Administración Pública debe enviar aviso al dispositivo electrónico y/o a la dirección de correo electrónico del interesado.
c) La Administración Pública, en todo caso, solo debe dar aviso al dispositivo electrónico del interesado.
d) La Administración Pública nunca debe dar aviso al dispositivo electrónico del interesado.

7. La falta de práctica de este aviso de la notificación:

a) Impedirá que la notificación sea considerada plenamente válida.
b) No impedirá que la notificación sea considerada plenamente válida.
c) Normalmente impedirá que la notificación sea considerada plenamente válida.
d) Implicará que la notificación sea considerada parcialmente válida.

8. Cuando el interesado fuera notificado por distintos cauces, se tomará como fecha de notificación:

a) La que determine el interesado.
b) La que determine la Administración pública.
c) La de aquella que se hubiera producido en primer lugar.
d) La de aquella que se hubiera producido en último lugar.

9. La publicación de los actos se realizará:

a) Donde determine cada Administración pública.
b) En el diario oficial que corresponda, según cual sea la Administración de la que proceda el acto a notificar.

c) Siempre en el Boletín Oficial del Estado.
d) Solo en edictos.

10. En caso de que el primer intento de notificación se haya realizado antes de las quince horas, el segundo intento deberá realizarse:

a) En la misma franja.
b) En la misma franja pero siempre en un horario anterior.
c) Después de las quince horas.
d) A la misma hora que la anterior, exactamente.

11. Cuando la notificación por medios electrónicos sea de carácter obligatorio, o haya sido expresamente elegida por el interesado, se entenderá rechazada cuando hayan transcurrido:

a) Dos días naturales desde la puesta a disposición de la notificación sin que se acceda a su contenido.
b) Cinco días naturales desde la puesta a disposición de la notificación sin que se acceda a su contenido.
c) Diez días naturales desde la puesta a disposición de la notificación sin que se acceda a su contenido.
d) Quince días naturales desde la puesta a disposición de la notificación sin que se acceda a su contenido.

12. Indica la respuesta correcta:

a) Las resoluciones administrativas de carácter particular no podrán vulnerar lo establecido en una disposición de carácter general, aunque aquéllas procedan de un órgano de igual o superior jerarquía al que dictó la disposición general.
b) Las resoluciones administrativas de carácter particular sí que podrán contradecir lo establecido en una disposición de carácter general, aunque aquéllas procedan de un órgano de igual o superior jerarquía al que dictó la disposición general.
c) Las resoluciones administrativas de carácter particular sí que podrán contradecir lo establecido en una disposición de carácter general siempre que procedan de un órgano de igual o superior jerarquía al que dictó la disposición general.
d) Las resoluciones administrativas de carácter particular sí que podrán contradecir lo establecido en una disposición de carácter general siempre que procedan de un órgano superior jerarquía al que dictó la disposición general.

13. Las resoluciones administrativas que vulneren lo establecido en una disposición reglamentaria:

a) Se pueden corregir.
b) Son nulas.
c) Son anulables.
d) Pueden ser válidas.

14. Las resoluciones administrativas que vulneren lo establecido en una ley:

a) Se pueden corregir.
b) Son nulas.
c) Son anulables.
d) Pueden ser válidas.

15. Los actos de las Administraciones Públicas sujetos al Derecho Administrativo:

a) Deben probarse válidos.
b) Se presumirán válidos.
c) Siempre y en todo caso son válidos.
d) Son inválidos.

16. Los actos de las Administraciones Públicas sujetos al Derecho Administrativo:

a) Producirán efectos desde la fecha en que se dicten, salvo que en ellos se disponga otra cosa.
b) Siempre producirán efectos desde la fecha en que se dicten.
c) Producirán efectos a partir de las 24 horas.
d) Producirán efectos a partir de los 7 días.

17. Indica la respuesta correcta:

a) Excepcionalmente, podrá otorgarse eficacia retroactiva a los actos cuando se dicten en sustitución de actos anulados, así como cuando produzcan efectos favorables al interesado, siempre que los supuestos de hecho necesarios existieran ya en la fecha a que se retrotraiga la eficacia del acto y ésta no lesione derechos o intereses legítimos de otras personas.
b) Nunca podrá otorgarse eficacia retroactiva a los actos cuando se dicten en sustitución de actos anulados.
c) Siempre podrá otorgarse eficacia retroactiva a los actos cuando se dicten en sustitución de actos anulados, así como cuando produzcan efectos favorables al interesado, siempre que los supuestos de hecho necesarios existieran ya en la fecha a que se retrotraiga la eficacia del acto y ésta no lesione derechos o intereses legítimos de otras personas.
d) De forma habitual, podrá otorgarse eficacia retroactiva a los actos cuando se dicten en sustitución de actos anulados, así como cuando produzcan efectos favorables al interesado, siempre que los supuestos de hecho necesarios existieran ya en la fecha a que se retrotraiga la eficacia del acto y ésta no lesione derechos o intereses legítimos de otras personas.

18. Las normas y actos dictados por los órganos de las Administraciones Públicas en el ejercicio de su propia competencia:

a) Pueden ser observadas por el resto de los órganos administrativo, aunque no dependan jerárquicamente entre sí o pertenezcan a otra Administración.
b) Deberán ser observadas por el resto de los órganos administrativos, aunque no dependan jerárquicamente entre sí o pertenezcan a otra Administración.

c) Solo deberán ser observadas por el resto de los órganos administrativos, si dependan jerárquicamente entre sí o pertenezcan a otra Administración.

d) No tienen por qué ser observadas por el resto de los órganos administrativos, incluso si dependen jerárquicamente entre sí o pertenezcan a otra Administración.

19. Cuando una Administración Pública tenga que dictar, en el ámbito de sus competencias, un acto que necesariamente tenga por base otro dictado por una Administración Pública distinta y aquélla entienda que es ilegal:

a) Puede no pronunciarse.

b) Podrá requerir a esta previamente para que anule o revise el acto de acuerdo con lo dispuesto en el artículo 44 de la Ley 29/1998, de 13 de julio, reguladora de la Jurisdicción Contencioso- Administrativa, y, de rechazar el requerimiento, podrá interponer recurso contencioso-administrativo.

c) Deberá pronunciarse en todo caso en el plazo de una semana.

d) Todas las respuestas anteriores son incorrectas.

20. Cuando una Administración Pública tenga que dictar, en el ámbito de sus competencias, un acto que necesariamente tenga por base otro dictado por una Administración Pública distinta y aquella entienda que es ilegal:

a) Debe resolver automáticamente.

b) En el caso en el que requiera a la Administración correspondiente quedará suspendido el procedimiento para dictar resolución.

c) En el caso en el que requiera a la Administración correspondiente deberá resolver en el plazo de un mes.

d) El interesado pasa a estar en situación de desamparo.

Solución al test n.º 3

1. c) Diez días a partir de la fecha en que el acto haya sido dictado.

2. c) Deberá contener el texto íntegro de la resolución, con indicación de si pone fin o no a la vía administrativa, la expresión de los recursos que procedan, en su caso, en vía administrativa y judicial, el órgano ante el que hubieran de presentarse y el plazo para interponerlos, sin perjuicio de que los interesados puedan ejercitar, en su caso, cualquier otro que estimen procedente.

3. c) Surtirán efecto a partir de la fecha en que el interesado realice actuaciones que supongan el conocimiento del contenido y alcance de la resolución o acto objeto de la notificación, o interponga cualquier recurso que proceda.

4. c) Son correctas las respuestas a) y b).

5. b) La Administración Pública debe enviar aviso al dispositivo electrónico y/o a la dirección de correo electrónico del interesado.

6. b) La Administración Pública debe enviar aviso al dispositivo electrónico y/o a la dirección de correo electrónico del interesado.

7. b) No impedirá que la notificación sea considerada plenamente válida.

8. c) La de aquella que se hubiera producido en primer lugar.

9. b) En el diario oficial que corresponda, según cual sea la Administración de la que proceda el acto a notificar.

10. c) Después de las quince horas.

11. c) Diez días naturales desde la puesta a disposición de la notificación sin que se acceda a su contenido.

12. a) Las resoluciones administrativas de carácter particular no podrán vulnerar lo establecido en una disposición de carácter general, aunque aquéllas procedan de un órgano de igual o superior jerarquía al que dictó la disposición general.

13. b) Son nulas.

14. b) Son nulas.

15. b) Se presumirán válidos.

16. a) Producirán efectos desde la fecha en que se dicten, salvo que en ellos se disponga otra cosa.

17. a) Excepcionalmente, podrá otorgarse eficacia retroactiva a los actos cuando se dicten en sustitución de actos anulados, así como cuando produzcan efectos favorables al interesado, siempre que los supuestos de hecho necesarios existieran ya en la fecha a que se retrotraiga la eficacia del acto y ésta no lesione derechos o intereses legítimos de otras personas.

18. b) Deberán ser observadas por el resto de los órganos administrativos, aunque no dependan jerárquicamente entre sí o pertenezcan a otra Administración.

19. b) Podrá requerir a esta previamente para que anule o revise el acto de acuerdo con lo dispuesto en el artículo 44 de la Ley 29/1998, de 13 de julio, reguladora de la Jurisdicción Contencioso- Administrativa, y, de rechazar el requerimiento, podrá interponer recurso contencioso-administrativo.

20. b) En el caso en el que requiera a la Administración correspondiente quedará suspendido el procedimiento para dictar resolución.

**Tratamiento de correspondencia, ubicación de las distintas
Administraciones Públicas, barrios y códigos postales
de la ciudad de Albacete: depósito, entrega, recogida
y distribución de correspondencia, como se realizan.
Certificados, notificaciones, cartas ordinarias, urgentes
y paquetería para su posterior envío**

1. ¿Cuál de los siguientes envíos postales se considera también un envío de correspondencia?

a) Libros.
b) Tarjetas postales.
c) Catálogos.
d) Diarios y publicaciones periódicas.

2. Los envíos postales, en tanto no lleguen a poder del destinatario:

a) Son propiedad del servicio postal.
b) Son propiedad del destinatario una vez depositados por el remitente.
c) Son propiedad del remitente.
d) Carecen de propietario.

3. Cualquier servicio consistente en la recogida, la admisión, la clasificación, el transporte, la distribución y la entrega de envíos postales, es:

a) Un servicio postal.
b) Un servicio universal.
c) Un servicio postal universal.
d) Un servicio estándar de correspondencia.

4. Se incluye en el ámbito del servicio postal universal las actividades de recogida, admisión, clasificación, transporte, distribución y entrega de cartas y tarjetas postales que contengan comunicaciones escritas en cualquier tipo de soporte:

a) Sin excepción.
b) De hasta 2 kg de peso.

c) De entre 100 y 1000 gramos.
d) De hasta 10 kg de peso.

5. Cada servicio integrado en el servicio postal universal incluirá la recogida, admisión, clasificación, tratamiento, curso, transporte, distribución y entrega de:

a) Paquetes postales cuyo peso no exceda de 2 kilogramos.
b) Cartas y tarjetas postales de hasta 10 kilogramos de peso.
c) Cartas y tarjetas postales de hasta 5 kilogramos de peso.
d) Paquetes postales cuyo peso no exceda de 20 kilogramos.

6. ¿Quién tiene la condición de operador designado por el Estado para prestar el servicio postal universal?

a) La Sociedad Estatal Correos y Telégrafos, Sociedad Anónima.
b) Cualquier operador postal con base en territorio español que lo solicite.
c) Las reglas de la competencia impiden que el Estado pueda designar un operador.
d) Correos y Telégrafos es el operador prestador del servicio postal universal por derecho propio, no por designación.

7. ¿Qué artículo de la Constitución garantiza el secreto de las comunicaciones y, en especial, de las postales, telegráficas y telefónicas?

a) El artículo 16.
b) El artículo 19.
c) El artículo 14.
d) El artículo 18.

8. Los envíos postales son:

a) Personales.
b) Cerrados.
c) Inviolables.
d) Normalizados.

9. ¿Cuál de estas condiciones no es propia de una carta?

a) Carácter actual.
b) Envío cerrado.
c) Comunicación materializada en forma escrita sobre soporte físico de cualquier naturaleza.
d) Contenido conocido.

10. ¿Cuál de estas condiciones no es propia de una tarjeta postal?

a) Pieza rectangular de cartulina consistente o material similar.
b) Que circule en sobre abierto.
c) Que circule al descubierto.
d) Que contenga un mensaje de carácter actual y personal.

11. Señalar la opción incorrecta:

a) La indicación del término de "tarjeta postal" en los envíos individuales no implica esta clasificación postal a menos que tenga carácter actual y personal.
b) Los envíos de recibos, facturas, documentos de negocios, estados financieros y cualesquiera otros mensajes que no sean idénticos, tienen la consideración de cartas.
c) Se entiende por envío postal el envío con destinatario, preparado en la forma definitiva en la que deba ser transportado por el operador del servicio postal universal.
d) No podrán constituir paquetes postales los lotes o agrupaciones de las cartas o cualquier otra clase de correspondencia actual y personal.

12. ¿A cuántos remitentes como mínimo se enviará un envío publicitario para que pueda ser considerado de publicidad directa?

a) 500.
b) 1000.
c) 2000.
d) 5000.

13. ¿Cuál de estas características no es propia de los envíos de publicidad directa?

a) Que su distribución se efectúe en sobre abierto, para facilitar la inspección postal.
b) Que esté formado por cualquier comunicación que consista únicamente en anuncios, estudios de mercado o publicidad.
c) Que en su cubierta figure la expresión "P. D." a efectos de facilitar la identificación de estos envíos.
d) Que no se dirijan a destinatarios concretos sino a zonas de reparto en particular.

14. Señalar la opción correcta:

a) Para que un envío pueda considerarse catálogo ha de remitirse a más de 200 destinatarios.
b) El material fonográfico y videográfico tendrá el mismo tratamiento que los libros.
c) La distribución de catálogos se hará en sobre cerrado a diferencia de los envíos de publicidad directa.
d) Para que un envío se considere "libro" ha de tratarse de publicaciones encuadernadas.

15. Señalar la opción incorrecta. De acuerdo con las garantías que se otorgan al envío, los servicios postales se clasifican en:

a) Ordinarios.
b) Certificados.
c) Generales.
d) Con valor declarado.

16. ¿Dónde se consignará la palabra "CERTIFICADO" (o la etiqueta al uso) en los envíos certificados que circulen en el ámbito nacional?

a) En el ángulo superior izquierdo del anverso del envío.
b) En el ángulo superior derecho del anverso del envío.

c) En el ángulo superior izquierdo del reverso del envío.

d) En el centro de la parte superior del anverso del envío.

17. ¿Cuál de las siguientes afirmaciones es correcta?

a) La notificación es un requisito de validez del acto administrativo.

b) La recepción de un envío certificado se garantiza mediante la firma del destinatario o una persona autorizada.

c) Cuando se practique la notificación en el domicilio de la persona interesada y no se halle presente ésta en el momento de la entrega, se intentará una segunda notificación dentro de los 3 días siguientes y en la misma franja horaria.

d) Los servicios de recogida, admisión, clasificación, entrega, tratamiento, curso, transporte y distribución de los envíos interurbanos y transfronterizos, certificados o no, de las cartas y de las tarjetas postales, siempre que su peso sea igual o inferior a 500 gramos, no podrán considerarse rápidos cuando el precio efectivamente cobrado por ellos no sea, al menos, tres veces superior al montante de la tarifa pública correspondiente para los envíos ordinarios de objetos de la primera escala de peso de la categoría normalizada más rápida.

18. Señala la opción incorrecta. Según el Título II de la Ley 43/2010, de 30 de diciembre, del servicio postal universal, los derechos de los usuarios y del mercado postal son los siguientes:

a) Secreto de las comunidades postales.

b) Protección de datos.

c) Detención arbitraria.

d) Inviolabilidad de los envíos postales.

19. Una comunicación formal de un acto administrativo, de la que se hace depender la eficacia de aquel, es:

a) Un certificado.

b) Un acuse de recibo.

c) Un telegrama.

d) Una notificación.

20. El almacenamiento de los productos sueltos, es decir, de aquellos que no están estructurados en forma de unidades de carga, se llama:

a) Almacenamiento en bloque.

b) Almacenamiento a granel.

c) Almacenamiento desordenado.

d) Almacenamiento caótico.

21. Un instrumento manual con horquillas que eleva la carga unos pocos centímetros, lo justo para moverla, es:

a) El apilador.

b) La transpaleta.

c) La carretilla.
d) La plataforma con ruedas.

22. Un polipasto es:

a) Un sistema de poleas.
b) Una carretilla.
c) Un apilador.
d) Una transpaleta.

23. ¿Dónde se encuentra la Oficina de Información y Atención al Ciudadano de la Subdelegación del Gobierno en Albacete?

a) C/ Periodista del Campo Aguilar s/n.
b) Plaza Gabriel Lodares 2.
c) Avda. de España 7.
d) Paseo de la Cuba 27.

24. ¿En qué dirección se encuentra la Oficina de Extranjeros en Albacete?

a) Avda. Ramón y Cajal 33.
b) Avda. de España 7.
c) C/ Periodista del Campo Aguilar s/n.
d) Paseo Pedro Simón Abril 10.

25. ¿Dónde está ubicada la Dirección Provincial del Instituto Nacional de la Seguridad Social (INSS) en Albacete?

a) Avda. de la Estación 20.
b) C/ Feria 7-9.
c) Francisco Fontecha 2 - 3º.
d) Avda. de España 27.

26. ¿Cuál es la dirección de la Dirección Provincial de la Consejería de Sanidad en Albacete?

a) Paseo Pedro Simón Abril 10.
b) Avda. de la Guardia Civil 5.
c) C/ Tesifonte Gallego 10.
d) Avda. de España 8 B.

27. ¿En qué dirección se encuentra la Jefatura Provincial de Tráfico en Albacete?

a) Buen Pastor 1.
b) Francisco Fontecha 2.

c) Alcalde José María de Miguel 1.

d) Avda. Ramón y Cajal 33.

28. ¿Dónde se encuentra la Dirección Provincial de la Consejería de Educación, Cultura y Deportes en Albacete?

a) Paseo de la Cuba 27.

b) Avda. de España 8 B.

c) Avda. de la Estación 2.

d) C/ Tesifonte Gallego 10.

29. ¿En qué dirección se encuentra la Jefatura Provincial de Correos y Telégrafos en Albacete?

a) Dionisio Guardiola 24.

b) Avda. de España 19.

c) Francisco Fontecha 2.

d) Avda. Ramón y Cajal 33.

30. ¿Cuál es la dirección de la Delegación Provincial de la Junta de Comunidades de Castilla-La Mancha en Albacete?

a) Paseo de la Libertad 5.

b) C/ Feria 7-9 (Edificio Casa Perona).

c) Avda. de España 27.

d) Avda. de la Estación 20.

31. ¿Dónde se encuentra el Observatorio de Albacete de la AEMET?

a) Avda. de España 7.

b) C/ Tesifonte Gallego 10.

c) Avda. del Teatro s/n.

d) Francisco Fontecha 2.

32. ¿En qué dirección se encuentra la Gerencia Territorial de Justicia en Albacete?

a) San Agustín 1 - 5º.

b) C/ Periodista del Campo Aguilar s/n.

c) Avda. Ramón y Cajal 33.

d) Plaza Gabriel Lodares 2.

33. ¿Cuántos distritos censales tiene actualmente Albacete?

a) 6.

b) 7.

c) 8.
d) 9.

34. ¿Qué órgano de gestión desconcentrada asegura la buena marcha de los trabajos en la Junta de Distrito?

a) Concejal/a Delegado/a del Distrito.
b) Alcaldía.
c) Vicepresidente/a.
d) Asamblea de Vecinos.

35. ¿Qué barrio de Albacete es conocido por ser uno de los más poblados y envejecidos?

a) El Pilar.
b) Medicina.
c) Industria.
d) Franciscanos.

36. ¿Cuál es el barrio de Albacete que alberga grandes infraestructuras educativas y universitarias?

a) Carretas.
b) Vereda.
c) Universidad.
d) Pedro Lamata.

37. ¿Cuál es el barrio de Albacete que se caracteriza por tener edificios de gran altura, incluyendo el más alto de Castilla-La Mancha?

a) Polígono San Antón.
b) La Pajarita.
c) Llanos del Águila.
d) Abuzaderas.

38. ¿Qué barrio de Albacete está situado al norte de la capital, es uno de los más poblados y tiene una amplia actividad de talleres de cuchillería?

a) Industria.
b) Cuchilleros.
c) Pedro Lamata.
d) Tinajeros.

39. ¿Cuál es el barrio de Albacete que forma el Ensanche junto con el barrio de Fátima?

a) Cañicas - Imaginalia.
b) Franciscanos.

c) Casas Viejas.
d) Parque Sur.

40. ¿Qué barrio de Albacete cuenta con el Centro de Interpretación del Agua, que permite ver la ciudad desde las alturas?

a) San Pablo.
b) San Pedro Mortero.
c) Feria.
d) Llanos del Águila.

41. ¿Qué barrio de Albacete es conocido por su alto nivel educativo y realidad económica superior a la media?

a) Parque Sur.
b) Vereda.
c) Polígono San Antón.
d) Santa Ana.

42. ¿Qué barrio de Albacete tiene una de las zonas comerciales más transitadas de la ciudad, es uno de los más poblados y está situado en la zona centro de la capital?

a) Carretas.
b) Cañicas - Imaginalia.
c) Hermanos Falcó.
d) Medicina.

43. ¿Cuál es el código postal para Organismos Oficiales en Albacete?

a) 02080.
b) 02071.
c) 02007.
d) 02049.

44. ¿Dónde se encuentra la sede de Comisaría de Policía de Albacete?

a) En la calle Rosario.
b) En la calle Alcalde Conangla.
c) En la calle Buen Pastor.
d) En la calle Mayor.

45. ¿Cuál es el código postal correspondiente a los apartados particulares en Albacete?

a) 02071.
b) 02049.

c) 02080.
d) 02007.

46. ¿Qué calles se encuentran en el código postal 02001 de Albacete?

a) ALCADOZO y PEÑAS DE SAN PEDRO.
b) ALCALDE CONANGLA y CERVANTES.
c) SAN ANTONIO DE PADUA.
d) SAN JUAN y SANTA CRUZ.

47. ¿En qué código postal está la calle González Rubio en Albacete?

a) 02002.
b) 02005.
c) 02004.
d) 02006.

48. ¿Cuál es el código postal designado para correspondencia oficial de Correos-Telégrafos en Albacete?

a) 02070.
b) 02071.
c) 02140.
d) 02002.

49. ¿En qué código postal se encuentra la calle Alonso Cano en Albacete?

a) 02001.
b) 02002.
c) 02003.
d) 02005.

50. ¿Cuál es el código postal asignado al Polígono Campollano en Albacete?

a) 02008.
b) 02007.
c) 02080.
d) 02140.

51. ¿En qué código postal está la calle Amor de Dios en Albacete?

a) 02001.
b) 02005.
c) 02003.
d) 02002.

52. ¿En qué código postal se encuentra la calle Antonio Machado números pares del 2 al 44 en Albacete?

a) 02003.
b) 02001.
c) 02004.
d) 02002.

53. ¿Cuál es el código postal de la calle Juan Sebastián Elcano en Albacete?

a) 02005.
b) 02002.
c) 02004.
d) 02005.

Solución al test n.º 4

1. b) Tarjetas postales.

2. c) Son propiedad del remitente.

3. a) Un servicio postal.

4. b) De hasta 2 kg de peso.

5. d) Paquetes postales cuyo peso no exceda de 20 kilogramos.

6. a) La Sociedad Estatal Correos y Telégrafos, Sociedad Anónima.

7. d) El artículo 18.

8. c) Inviolables.

9. d) Contenido conocido.

10. b) Que circule en sobre abierto.

11. a) La indicación del término de "tarjeta postal" en los envíos individuales no implica esta clasificación postal a menos que tenga carácter actual y personal.

12. a) 500.

13. d) Que no se dirijan a destinatarios concretos sino a zonas de reparto en particular.

14. b) El material fonográfico y videográfico tendrá el mismo tratamiento que los libros.

15. a) Ordinarios.

16. a) En el ángulo superior izquierdo del anverso del envío.

17. b) La recepción de un envío certificado se garantiza mediante la firma del destinatario o una persona autorizada.

18. c) Detención arbitraria.

19. d) Una notificación.

20. b) Almacenamiento a granel.

21. b) La transpaleta.

22. a) Un sistema de poleas.

23. c) Avda. de España 7.

24. c) C/ Periodista del Campo Aguilar s/n.

25. d) Avda. de España 27.

26. b) Avda. de la Guardia Civil 5.

27. c) Alcalde José María de Miguel 1.

28. c) Avda. de la Estación 2.

29. a) Dionisio Guardiola 24.

30. b) C/ Feria 7-9 (Edificio Casa Perona).

31. c) Avda. del Teatro s/n.

32. b) C/ Periodista del Campo Aguilar s/n.

33. c) 8.

34. a) Concejal/a Delegado/a del Distrito.

35. d) Franciscanos.

36. c) Universidad.

37. b) La Pajarita.

38. a) Industria.

39. b) Franciscanos.

40. a) San Pablo.

41. a) Parque Sur.

42. a) Carretas.

43. b) 02071.

44. c) En la calle Buen Pastor.

45. c) 02080.

46. b) ALCALDE CONANGLA y CERVANTES.

47. d) 02006.

48. a) 02070.

49. d) 02005.

50. b) 02007.

51. b) 02005.

52. a) 02003.

53. d) 02005.

TEST N.º 5

Apertura y cierre de edificios y/o locales; reparación de pequeñas averías en el Centro de Trabajo. Puesta en marcha y parada de la instalación, descripción de las averías más comunes de pequeña envergadura que se suelen presentar en el centro de trabajo donde el/la Conserje-Mantenedor /a de Edificios Municipales presta sus tareas (roturas de grifería, sustitución de tubos fluorescentes, cerraduras, etc.) y descripción de los pasos a seguir para su correcta subsanación. Actuación del personal conserje mantenedor cuando se trate de averías que por su envergadura o especial complejidad no sean subsanables por el mismo

1. No forma parte de la función de apertura de edificios:

a) Gestionar el servicio de guardarropas.
b) Inspeccionar visualmente los elementos estructurales de acceso exteriores.
c) Desconectar el sistema de alarma.
d) Encender las luces principales del edificio.

2. No es cierto que la ronda de seguridad:

a) Incluya verificar el estado general de las instalaciones en materia de seguridad.
b) Se puede realizar en cualquier momento de la jornada.
c) Se realice recorriendo planta a planta, inspeccionando y asegurando cada una de ellas.
d) Incluya comprobar el correcto funcionamiento de los equipos y sistemas de detección y alarma.

3. Las áreas sensibles de un edificio de un organismo público son aquellas zonas, salas o despachos que, por circunstancias concretas, requieran de una atención de seguridad específica. Se consideran como tales:

a) Las plantas más altas del edificio.
b) Las áreas administrativas.

c) Los salones de actos.

d) Las salas de cuartos de máquinas e instalaciones.

4. Señala, de las siguientes, cuál es la opción incorrecta en relación con la inspección de los despachos de dirección y altos cargos:

a) La inspección se realizará todos los días a partir de la finalización del horario laboral normalizado, cuando la dirección o alto cargo y su secretaria o secretario hayan abandonado el edificio.

b) Se comprobará que el despacho esté cerrado; en el caso de que esté abierto, se comprobará la presencia e identidad de quien permanezca en su interior.

c) Si hubiera alguien en el interior, a la salida se cerrarán las puertas y se registrará el hecho como incidencia en el libro oficial de incidencias o aplicación informática correspondiente.

d) Aunque las puertas de los despachos estén cerradas o no se detecten irregularidades desde el exterior, durante la inspección de la ronda de seguridad se deberá entrar para cerciorarse de que todo está correcto en el interior.

5. La puesta en marcha de instalaciones por parte del conserje comprende la puesta a punto y en servicio de (señala la opción incorrecta):

a) La calefacción o refrigeración de la sala.

b) Los ordenadores de los distintos puestos administrativos.

c) Los sistemas de ventilación exterior y/o interior.

d) La iluminación artificial y/o natural.

6. Son elementos de las instalaciones de climatización:

a) Los equipos de alumbrado de emergencia.

b) Los sistemas de prevención de sobretensiones y protección con pararrayos.

c) Las motobombas.

d) Los sistemas de abastecimiento de agua contra incendios.

7. Señala la opción correcta relacionada con la función de custodia y control de llaves:

a) La custodia y control de llaves de cualquier edificio de un organismo público es responsabilidad del conserje.

b) Las llaves son para uso exclusivo del conserje, no pudiendo cederse temporalmente bajo ningún concepto a otras personas del centro o ajenas al mismo.

c) Cualquier persona del centro podrá solicitar el uso y disfrute de copias de las llaves de las dependencias en las que trabaje.

d) El conserje encargado de la custodia y control de llaves del edificio registrará en el libro oficial de registro o aplicación informática los movimientos de llaves, entrega y recogida solicitadas por personal laboral y contratas externas autorizadas por la administración del edificio.

8. Cuando hacemos mezcla de arena u otras sustancias con cal, cemento u otro aglomerante y agua, habremos hecho:

a) Azulejo.
b) Mortero.
c) Yeso.
d) Bovedilla.

9. ¿En cuál de los siguientes oficios se utiliza el mortero?

a) En fontanería.
b) En carpintería.
c) En pintura.
d) En albañilería.

10. Para extender masas de revoque y enlucidos, ¿qué herramienta de las siguientes utilizaremos?

a) Cincel.
b) Pisón.
c) Escaravel.
d) Llana.

11. ¿Cómo se llama al revestimiento o segunda mano que se da a los muros realizados con material para que presenten una superficie unida y tersa?

a) Revoco.
b) Enfoscado.
c) Enlucido.
d) Fratasado.

12. ¿Cuál de estas acciones no se debe realizar en techos suspendidos?

a) Realizar conducciones de agua por encima de él.
b) Realizar conducciones de gases por encima de él.
c) Pintarlos.
d) Colgar elementos pesados del techo.

13. El recipiente usado para amasar materiales de construcción es:

a) La artesa.
b) El carrillo.
c) La criba.
d) La espuerta.

14. El revestimiento continuo ejecutado con mortero de cemento, de cal o mixto para regularizar la superficie de soporte a fin de prepararla para un acabado posterior, recibe el nombre de:

a) Enfoscado.
b) Tendido.
c) Estuco.
d) Enlosado.

15. ¿Cuál de estos materiales es el empleado por el pintor para diluir la pintura?

a) Aceite.
b) Disolvente.
c) Lejía.
d) Gasóleo.

16. ¿Cuál de los siguientes tipos de yesos se emplea para enlucir las paredes?

a) Yeso blanco.
b) Escayola.
c) Yeso hidráulico.
d) Yeso negro.

17. Para fijar una lámpara en un falso techo, ¿qué tipo de taco utilizarías?

a) Taco de plástico.
b) Taco de clavar.
c) Taco vuelco.
d) Taco químico.

18. Hoy en día, las canalizaciones de desagüe se hacen en material de:

a) Hormigón.
b) PVC.
c) Hierro.
d) Plomo.

19. ¿Para qué sirve un sifón?

a) Para evitar los malos olores.
b) Para cortar el agua.
c) Para evitar escape de agua.
d) Para cerrar el paso al agua del desagüe.

20. Las purgas de aire tratan de:

a) Conocer la presión del agua de la tubería.
b) Conocer la temperatura a la presión de tubería del agua.

c) Insertar las burbujas de aire en las tuberías.
d) Eliminar las burbujas de aire en las tuberías.

21. ¿Qué es lo primero que hay que hacer ante una fuga de agua?

a) Llamar a los bomberos.
b) Poner toallas.
c) Cerrar la llave de paso.
d) Llamar al servicio de limpieza.

22. ¿Qué clase de tablero se fabrica a partir de virutas de madera encoladas con resinas sintéticas?

a) Tablero de okumé.
b) Tablero de ébano.
c) Chapón marino.
d) Tablero de aglomerado.

23. ¿Qué es un ensamble?

a) Es el acoplamiento de la cabeza del martillo con el mango.
b) Es encolar una chapa de madera en la cara de un tablero.
c) Es el acoplamiento de dos piezas en ángulo.
d) Es encolar una chapa de madera al canto de un tablero.

24. ¿Qué es lo primero que hay que hacer cuando vamos a proceder a la reparación de un enchufe?

a) Comprobar si tiene tres hilos.
b) Desconectar la corriente.
c) Quitar los tornillos.
d) Comprobar la conexión de los cables.

25. ¿Qué es el ICP?

a) Interruptor diferencial.
b) Interruptor de cruce.
c) Interruptor común polivalente.
d) Interruptor de control de potencia.

26. Los fusibles sirven para:

a) Interrumpir la corriente cuando hay sobrecarga.
b) Limitar la fuerza de la corriente.
c) Alumbrar en caso de emergencia.
d) Contabilizar el paso de la corriente.

27. ¿A qué nos referimos cuando hablamos del triscado de una hoja de sierra?

a) A la distancia que serramos en un minuto.
b) A la distancia que hay entre 3 dientes.
c) Es el ancho de la sierra.
d) A la ondulación o cruzado de los dientes.

Solución al test n.º 5

1. a) Gestionar el servicio de guardarropas.

2. b) Se puede realizar en cualquier momento de la jornada.

3. d) Las salas de cuartos de máquinas e instalaciones.

4. d) Aunque las puertas de los despachos estén cerradas o no se detecten irregularidades desde el exterior, durante la inspección de la ronda de seguridad se deberá entrar para cerciorarse de que todo está correcto en el interior.

5. b) Los ordenadores de los distintos puestos administrativos.

6. c) Las motobombas.

7. d) El conserje encargado de la custodia y control de llaves del edificio registrará en el libro oficial de registro o aplicación informática los movimientos de llaves, entrega y recogida solicitadas por personal laboral y contratas externas autorizadas por la administración del edificio.

8. b) Mortero.

9. d) En albañilería.

10. d) Llana.

11. c) Enlucido.

12. d) Colgar elementos pesados del techo.

13. a) La artesa.

14. a) Enfoscado.

15. b) Disolvente.

16. a) Yeso blanco.

17. c) Taco vuelco.

18. b) PVC.

19. a) Para evitar los malos olores.

20. d) Eliminar las burbujas de aire en las tuberías.

21. c) Cerrar la llave de paso.

22. d) Tablero de aglomerado.

23. c) Es el acoplamiento de dos piezas en ángulo.

24. b) Desconectar la corriente.

25. d) Interruptor de control de potencia.

26. a) Interrumpir la corriente cuando hay sobrecarga.

27. d) A la ondulación o cruzado de los dientes.

TEST N.º 6

Manejo y mantenimiento básico de máquinas auxiliares de oficina y Protocolo. Fotocopiadoras, escáneres, plastificadoras, multicopistas, encuadernadoras y destructoras. Colocación de banderas

1. Para horadar o perforar hojas con objeto de introducirlas en archivadores AZ, utilizaremos:

a) La ensobradora.
b) La guillotina.
c) La taladradora.
d) La cizalla.

2. ¿Qué tipo de escáner se utiliza para escanear elementos frágiles?

a) De rodillo.
b) De tambor.
c) De cama plana.
d) Cenital.

3. Son máquinas reproductoras:

a) Las guillotinadoras.
b) Las encuadernadoras.
c) Los escáneres.
d) Las plastificadoras.

4. Las fotocopiadoras electroestáticas se caracterizan porque:

a) Usan papel normal.
b) El documento original es barrido por un rayo de luz intensa que proyecta la imagen sobre un tambor por donde se distribuye el tóner, que adhiriéndose a la zona donde hay imagen, reproduce el original.

c) La imagen se transfiere al papel que, al calentarse, fija el pigmento sobre la copia.

d) La imagen a reproducir se proyecta directamente sobre el papel especial cuya superficie queda sensibilizada con cargas eléctricas.

5. La medida 420 x 297 mm corresponde a un:

a) A3.
b) A4.
c) B5.
d) B1.

6. En la fase de calentamiento de la fotocopiadora, ¿pueden realizarse copias?

a) Únicamente en las fotocopiadoras profesionales.
b) Sí.
c) No.
d) A veces se pueden realizar en las fotocopiadoras personales.

7. El fax funciona a través de:

a) La línea eléctrica.
b) La línea telefónica.
c) El módem.
d) Ondas de radio.

8. Si vamos a realizar fotocopias sin servirnos del alimentador recirculante de originales, ¿cómo dejaremos la cubierta superior de la máquina?

a) Preferiblemente abierta.
b) Cerrada.
c) Necesariamente abierta.
d) Si la cubierta superior no está cerrada, la máquina no funciona.

9. ¿Qué máquinas hacen al papel inservible e ilegible?

a) Las máquinas destructoras.
b) Las máquinas fresadoras.
c) Las taladradoras.
d) Las cizallas.

10. De las siguientes, es una impresora de impacto:

a) La impresora láser.
b) La impresora multifunción.
c) La impresora de inyección de tinta.
d) La impresora de margarita.

11. Las encuadernadoras:

a) Son máquinas capaces de obtener una copia exacta de un documento original mediante un proceso electrostático.

b) Son máquinas cuya función es la destrucción de papel, de forma que quede absolutamente inservible e ilegible.

c) Se utilizan para ordenar y presentar adecuadamente los documentos, clasificándolos e incorporándoles portadas.

d) Se utilizan para plastificar documentos, con objeto de preservarlos de manchas o del deterioro.

12. La plancha tipográfica en la que se ha reproducido una composición o un grabado para su posterior impresión, se llama:

a) Tóner.
b) Reset.
c) Starter.
d) Cliché.

13. El tóner es:

a) La "tinta" de la fotocopiadora.
b) El alimentador de la fotocopiadora.
c) El sistema de transporte de la fotocopiadora.
d) El tono de impresión requerido para una copia.

14. El "canutillo" es un tipo de:

a) Grapado.
b) Encuadernado.
c) Plastificado.
d) Franqueado.

15. La resma es:

a) Un tipo de papel.
b) Una medida tradicional para contar hojas de papel.
c) Un formato de papel.
d) El papel sobrante después del guillotinado.

16. Los escáneres de las fotocopiadoras son del tipo:

a) Escáneres de rodillo.
b) Escáneres de mano.
c) Escáneres cenitales.
d) Escáneres de cama plana.

17. ¿Qué impresora contiene una esfera con varios caracteres que gira hasta posicionar el carácter pretendido en frente de un pequeño martillo?

a) Impresora de margarita.
b) Impresora de agujas.
c) Impresora láser.
d) Impresora de línea.

18. ¿Qué tres colores utilizan las impresoras para hacer copias a color?

a) Negro, amarillo y cián.
b) Amarillo, cián y magenta.
c) Negro, cián y magenta.
d) Negro, blanco y magenta.

19. La vexilología:

a) Explica y describe los escudos de armas de personas.
b) Estudia las banderas, pendones y estandartes.
c) Estudia los uniformes.
d) Estudia la simbología de los tratamientos protocolarios.

20. Señala la respuesta incorrecta. Cuando se utilice la bandera de España, la colocaremos:

a) Ocupará siempre un lugar modesto y poco visible.
b) Si está junto a otras banderas, la de España ocupará un lugar preeminente.
c) Si está junto a otras banderas, las restantes no podrán tener mayor tamaño.
d) Si está junto a otras banderas, la de España ocupará un lugar de máximo honor.

Solución al test n.º 6

1. c) La taladradora.

2. d) Cenital.

3. c) Los escáneres.

4. d) La imagen a reproducir se proyecta directamente sobre el papel especial cuya superficie queda sensibilizada con cargas eléctricas.

5. a) A3.

6. c) No.

7. b) La línea telefónica.

8. b) Cerrada.

9. a) Las máquinas destructoras.

10. d) La impresora de margarita.

11. c) Se utilizan para ordenar y presentar adecuadamente los documentos, clasificándolos e incorporándoles portadas.

12. d) Cliché.

13. a) La "tinta" de la fotocopiadora.

14. b) Encuadernado.

15. b) Una medida tradicional para contar hojas de papel.

16. d) Escáneres de cama plana.

17. a) Impresora de margarita.

18. b) Amarillo, cian y magenta.

19. b) Estudia las banderas, pendones y estandartes.

20. a) Ocupará siempre un lugar modesto y poco visible.

TEST N.º 7

Almacenamiento y traslado de materiales y enseres.
Traslado de cargas

1. Respecto a la inclinación del tronco en la manipulación manual de cargas, es correcto afirmar que:

a) La manipulación de una carga vigilando el centro de gravedad disminuye el riesgo de lesión en la zona.
b) La postura correcta al manejar una carga es con el tronco inclinado.
c) La postura correcta al manejar una carga es con la espalda derecha.
d) La técnica de levantamiento de la carga no afecta para una correcta manipulación.

2. En general, el peso máximo que se recomienda no sobrepasar en la manipulación manual de cargas es de:

a) 25 kg.
b) 30 kg.
c) 50 kg.
d) 20 kg.

3. Unas condiciones ideales de manipulación manual de cargas incluyen:

a) Levantamientos rápidos y continuados.
b) Espalda inclinada hacia delante.
c) Manejo de la carga sin giros ni inclinaciones.
d) Sujeción del objeto con una posición de la muñeca en ángulo de 90º.

4. En relación con la manipulación manual de cargas, la primera obligación del empresario es:

a) La formación e información de los trabajadores.
b) La vigilancia de la salud.
c) Evaluar los riesgos.
d) Evitar la manipulación manual.

5. A efectos prácticos, la Guía Técnica para la evaluación y prevención de los riesgos derivados de la manipulación manual de cargas considera carga a los objetos de:

a) Más de 1 kg.
b) Más de 3 kg.
c) Más de 5 kg.
d) Menos de 60 kg.

6. El riesgo de lesión será menor:

a) Cuanto más alejada esté la carga del cuerpo.
b) Cuanto más se gire el tronco.
c) Cuanto menor sea la frecuencia de la manipulación.
d) Cuanto menor sea el tiempo de descanso entre manipulaciones.

7. La Guía Técnica para la evaluación y prevención de los riesgos derivados de la manipulación manual de cargas recomienda que la profundidad de la carga no supere:

a) Los 25 cm.
b) Los 35 cm.
c) Los 60 cm.
d) Los 90 cm.

8. Según la Guía Técnica para la evaluación y prevención de los riesgos derivados de la manipulación manual de cargas, desde el punto de vista preventivo, lo ideal es no transportar la carga una distancia superior a:

a) 1 metro.
b) 3 metros.
c) 5 metros.
d) 10 metros.

9. Cuando los trayectos de manipulación manual de cargas no superan los 10 metros, el peso máximo acumulado transportado en una jornada de 8 horas de trabajo será de:

a) 3.000 kg.
b) 6.000 kg.
c) 10.000 kg.
d) 12.000 kg.

10. Se recomienda que en locales interiores el rango de temperaturas para trabajos ligeros se encuentre entre:

a) 10° y 30°.
b) 14° y 25°.

c) 5º y 35º.
d) 20º y 24º.

11. ¿Cuál de las siguientes acciones en la manipulación manual de cargas es correcta?

a) Doblar las piernas manteniendo en todo momento la espalda derecha, y mantener el mentón metido. No flexionar demasiado las rodillas.
b) Juntar los pies para proporcionar una postura estable y equilibrada para el levantamiento.
c) Girar el tronco antes de cambiar de dirección.
d) Sujetar firmemente la carga empleando ambas manos y separarla del cuerpo.

12. Según la Guía Técnica para la evaluación y prevención de los riesgos derivados de la manipulación manual de cargas, aquellas cargas sin asas que pueden sujetarse flexionando la mano 90º alrededor de la carga, se consideran de:

a) Agarre óptimo.
b) Agarre bueno.
c) Agarre regular.
d) Agarre malo.

13. El desplazamiento vertical ideal de una carga es de:

a) Hasta 25 cm.
b) Hasta 50 cm.
c) Hasta 100 cm.
d) Hasta 175 cm.

14. Cuando se maneja una carga entre dos personas la capacidad de levantamiento es:

a) La suma de sus capacidades individuales.
b) Dos tercios de la mayor de las capacidades de los dos trabajadores.
c) Dos tercios de la suma de sus capacidades individuales.
d) La mitad de la suma de sus capacidades individuales.

15. La Guía Técnica recomienda que no se deberían manipular cargas en postura sentada (siempre que sea en una zona próxima al tronco, evitando manipular cargas a nivel del suelo o por encima del nivel de los hombros y giros e inclinaciones del tronco) de más de:

a) 3 kilos.
b) 5 kilos.
c) 10 kilos.
d) 15 kilos.

Solución al test n.º 7

1. c) La postura correcta al manejar una carga es con la espalda derecha.

2. a) 25 kg.

3. c) Manejo de la carga sin giros ni inclinaciones.

4. d) Evitar la manipulación manual.

5. b) Más de 3 kg.

6. c) Cuanto menor sea la frecuencia de la manipulación.

7. b) Los 35 cm.

8. a) 1 metro.

9. c) 10.000 kg.

10. b) 14 y 25º.

11. a) Doblar las piernas manteniendo en todo momento la espalda derecha, y mantener el mentón metido. No flexionar demasiado las rodillas.

12. c) Agarre regular.

13. a) Hasta 25 cm.

14. c) Dos tercios de la suma de sus capacidades individuales.

15. b) 5 kilos.

Cómo acceder al Curso

Conserje Mantenedor/a
Test del Temario

El uso de los códigos **es exclusivo de los compradores de los productos de Editorial MAD**. Cada producto posee un código único y de un solo uso. Es personal e intransferible y da acceso a servicios y contenidos adicionales. Editorial MAD se reserva el derecho de hacer cuantas comprobaciones sean necesarias para identificar al legítimo poseedor del código y dejar de dar servicio a quien haga uso fraudulento del mismo, además de emprender cuantas acciones legales estime oportunas según la legislación vigente.

Deberás acceder a:

mad.es/registro-campus

Si una vez aceptadas las condiciones de uso del Campus decides hacer uso del mismo, necesitarás del siguiente código de acceso junto con los códigos del resto de títulos que se exigen (si fuera el caso):

5PQC1NGALM